Manfred Becker-Huberti
Das Brauchtum im Kirchenjahr

Manfred Becker-Huberti

Das Brauchtum im Kirchenjahr

Entstehung, Bedeutung, Tradition

benno

Bibliografische Information der Deutschen Bibliothek
Die Deutsche Bibliothek verzeichnet diese Publikation
in der Deutschen Nationalbibliografie;
detaillierte bibliografische Daten sind im Internet über
http://dnb.ddb.de abrufbar.

**Besuchen Sie uns im Internet unter:
www.st-benno.de**

Textnachweis:
S. 37: Peter Gerloff, Ein Helfer ist St. Blasius:
© Peter Gerloff

ISBN 978-3-7462-2655-2

Stammerstr. 11, 04159 Leipzig
Umschlaggestaltung: Ulrike Vetter, Leipzig, unter
Verwendung von Fotos von © KNA-Bild, Bonn (3);
© picture-alliance/ZB, Frankfurt a. M. (1)
Gesamtherstellung: Kontext, Lemsel (A)

Inhalt

Vorwort *9*

Advent und Weihnachten **11**

Adventskranz und Adventskalender 12

Eiserner, Kupferner, Silberner und Goldener Advent 14

Licht in der Dunkelheit 16

Heimliche Geschenke - Nikolaus 18

Rorate 20

Vom Paradeisel und vom Christbaum 22

Aller Anfang geht mit 24

Eine magische Karriere – die Heiligen Drei Könige 26

Die Zeit im Jahreskreis (Teil 1) **29**

Vom Sautoni oder Ferkestünn – Antonius 30

Wie ein Metropolit an sein Pallium kommt – Das Fest der heiligen Agnes 32

Vom Löschen des Lichts und von neuen Kerzen – Mariae Lichtmess 34

Ein Helfer ist Sankt Blasius –
der Blasiussegen 36
Vom Sinn des Unsinns - Karneval 38
Karriere eines fortgefallenen Feiertags –
der Vielliebchentag 40

Fasten- und Osterzeit **43**
Fastfood ist kein Fastenessen 44
Schmachtlappen und Hungertuch
als Zeitanzeige 46
Palmesel und der Palm des
kleinen Mannes 48
Scala Santa, Kreuzweg und andere
Formen der Passionsfrömmigkeit 50
Was das Ei mit Ostern zu tun hat 52

Nachösterliche Zeit **55**
Dominica in albis oder *Weißer Sonntag* 56
Maria – Maienkönigin 58
Geflügel auf dem Tisch 60
Brennendes Werg von oben – Pfingsten 62
Sinnbild falscher Sicherheit –
der Pfingstochse 64

Die Zeit im Jahreskreis (Teil 2) **67**
Cum pompa conveniente – Fronleichnam 68
Schlampertoni – der Patron der Vergesslichen 70
Das Herz als Symbol – Das Herz-Jesu-Fest 72
Vom *Sunnawenhanselfreudfeuer* – *Die Sommersonnenwende* 74
Von Jesu Oma und Opa – Joachim und Anna 76
Wettersegen und Hagelkreuz 78
Santa Maria Maggiore – Mutter aller Marienkirchen 80
Großer Frauentag oder Büschelfrauentag – Mariae Himmelfahrt 82
Maria Königin 84
Wie Zachäus zur Kirmes kommt – Das Kirchweihfest 86
Empfängnis und Geburt Mariens 88
Mariä Namen 90
Von den sieben Schmerzen und sieben Freuden Mariens 92
Wovon wir leben - Erntedank 94
Michael, Gabriel und Rafael – Erzengel 96
Vom Wesen des Rosenkranzes 98

Vergoldete Tage 100
Vom Ursula-Schiffchen 102
Der Herrentag aller Heiligen 104
Fest aller Toten 106
Vom Kreis der Lebenden, Toten und noch nicht Geborenen 108
Wer teilt, gewinnt! – Sankt Martin 110
Über die 11 – eine Narrenzahl 112
Der 11.11. – ein Schwellenfest 114
Von einer mittelalterlichen Alternative – Die heilige Elisabeth 116
Christkönigsfest – Das Ende des Kirchenjahres 118

Vorwort

Vademecum – Geh' mit mir – nennt man Bücher, die uns auf bestimmten Wegen als Informanten oder Ratgeber begleiten. Nichts anderes will dieses Büchlein. Es ist ein Begleiter durch das christliche Festjahr. Wie ein Treppengeländer an der Treppe der Zeit, die durch die Gegenwart in die Zukunft führt. Rastpunkte sind Fest-, Feier- und Gedenktage, die in kurzen Texten erschlossen werden.

Dieses Buch will ganz unterschiedlichen Menschen hilfreich zur Seite stehen, Jungen und Alten, Firmlingen und Journalisten, allen Neugierigen und Interessierten, die genauer wissen wollen, was sie feiern und welche Traditionen mit Festen verbunden sind.

So wie das Festjahr die Heilsereignisse vergegenwärtigt, indem es sie aus der Vergangenheit wieder in die Gegenwart holt, so muss das, was Christen feiern und erinnern, immer wieder ins Wort gebracht werden. Was wir nicht benennen können, das gibt es nicht, weil man nicht darüber sprechen kann. Christen sind deshalb narrative Menschen, ihr Glaube muss erzählt werden. Wer so Zeugnis gibt, wird zum Zeugen. Und die sind schließlich überzeugend.

Die Lichter, die in diesem Buch auf einzelne Ereignisse im Festjahr gerichtet sind, mögen zu einem tieferen Verständnis von Glaube, Liturgie und Brauchtum beitragen.

Manfred Becker-Huberti

Advent und Weihnachten

Adventskranz und Adventskalender

Seit dem 19. Jahrhundert ist das Aufstellen oder Aufhängen von Adventskränzen bekannt. Inzwischen wurde es zu einer flächendeckenden „Bildgebärde“ innerhalb der Adventszeit. Erfunden wurde der Adventskranz von dem Hamburger Pfarrer und späteren Berliner Oberkonsistorialrat Johann Hinrich Wichern (1808–1881). Er leitete das „Raue Haus“ in Hamburg-Horn, eine 1833 von ihm gegründete Anstalt zur Betreuung gefährdeter Jugendlicher. Auf einem großen, grünen Kranz entzündete er am 1. Advent die erste Kerze. Für jeden Tag des Advent kam eine weitere Kerze hinzu, so dass am Heiligen Abend 24 Kerzen brannten. Wichern nahm mit dieser Symbolik das Wort vom „Licht, das in der Finsternis leuchtet“ (Joh 1,1) auf, das auf Christus als das „wahre Licht“ bezogen ist.
Die Verwendung von 24 Kerzen war nicht nur teuer, sondern auch gefährlich. Deshalb wurde ihre Zahl auf vier reduziert, entsprechend der Zahl der Adventssonntage. So erhielt der Adventskranz die heutige Form und setzte sich – von Nord- nach

Süddeutschland – durch. Nach dem Ersten Weltkrieg wurde der Adventskranz überkonfessionell. Die Symbolik des Adventskranzes verträgt sich mit den liturgischen Vorgaben der katholischen Kirche.

Gleichfalls von evangelischen Christen wurde um 1850 der Adventskalender entwickelt, der Kinder vom 1. bis zum 24. Dezember begleitet und nicht die vier Adventssonntage wie der Adventskranz, sondern den Kalendermonat zur Berechnungsgrundlage nimmt. Adventsgliederungen gab es schon im Mittelalter. Ab dem 19. Jahrhundert entstanden „moderne" Adventskalender, die den Verlauf der 24 Werk- und Sonntage durch Abstreichen oder Abreißen zählten. Sie lösten ältere Verfahren ab, die das Gleiche durch Kreidestriche, stückweises Abbrennen von Kerzen mit aufgeklebter Tageszählung, Weihnachtsuhren und Weihnachtsleitern versuchten. Gedruckte Adventskalender mit Klapptürchen – im Gegensatz zum Adventskranz je einem einzelnen Kind zugestanden – scheint der Münchner Verleger Gerhard Lang als erster ab 1908 gedruckt zu haben.

Eiserner, Kupferner, Silberner und Goldener Advent

Zum Ende des 4. Jahrhunderts hatte sich in Gallien und Spanien eine Vorbereitungszeit von drei Wochen auf Weihnachten ausgebildet. Der Name *Advent* leitet sich vom Lateinischen *adventus Domini* – Ankunft des Herrn her, die im Griechischen *Epiphaneia* heißt. Verstanden wurde der Advent als Zeit der Vorbereitung auf die Menschwerdung des Herrn. Im Mittelpunkt standen Gottesdienstbesuch, Fasten und gute Werke. Man vermutet, dass der Advent (auch: Adventfasten, Adventquadragese, Winterquadragese, Singezeit) unter orientalischem Einfluss entstand, und zwar als Zeit der Vorbereitung auf die Taufe. Im Laufe der Zeit weitete sich der Advent auf vier Wochen aus, beginnend mit Martini. Zum Ende des 6. Jahrhunderts hatte sich bereits das Adventfasten in ganz Gallien durchgesetzt. Im Vordergrund standen Buße und Umkehr. Die Geburt des Erlösers wurde in ihrer Heilswirkung bereits erfahren und galt als Beweis für die Vollendung der Erlösung bei der Wiederkunft Christi.

Auch in Rom hatte man im 6. Jahrhundert den Advent übernommen, ließ ihn aber sechs Wochen andauern, was Papst Gregor I. (+ 604) veranlasste, die Phase auf vier Wochen zu kürzen. Es dauerte aber bis zum Konzil von Trient (1545 – 1563), bis der Advent gesamtkirchlich auf vier Wochen festgeschrieben wurde. Mailand hält jedoch bis in die Gegenwart am sechswöchigen Advent fest. Die Kirchen der Reformation halten sich an die römische Tradition. Die Syrer nennen die vier (Ostsyrer) oder fünf (Westsyrer) Wochen vor Weihnachten *Wochen der Verkündigung*.

Die einzelnen Sonntage (*Dominica adventus domini*) im Advent wurden nummeriert. Der 1. Advent galt auch als eiserner Adventssonntag, der 2. Advent als kupferner Adventssonntag, der 3. Advent als silberner Adventssonntag oder *Gaudete* und der 4. Advent als goldener Adventssonntag.

Licht in der Dunkelheit

Das Licht ist eines der menschlichen Ursymbole. Es steht für das Leben schlechthin, aber auch für Gott. Das Adjektiv *licht* bezeichnet zunächst die Himmelskörper und ihr Strahlen, dann allgemein das Feuer und die Glut. Dann wird auch das *licht*, was durch die Sonne, Feuer oder innere Klarheit erglänzt. Licht geht aus vom Körper der Engel und verklärter Menschen. Auch glänzende Körper geben Licht, Glanz und Strahlen.
Der Gegenbegriff zu *Licht* ist das *Dunkel*. Während das Licht eine Lichtquelle zur Voraussetzung hat, fehlt genau dies bei der Dunkelheit, die durch das Defizit von Licht, Nicht-Licht, gekennzeichnet wird. Während das Licht das Gute symbolisiert, steht das Dunkel für das Böse. Selbst der Lichtengel Luzifer, der in die Hölle gestoßen wurde, erleuchtet die Hölle nur durch das Feuer. Indem er sich mit dem Bösen identifiziert hat, hat er alle Leucht- und Strahlkraft verloren und repräsentiert die Finsternis.
Die Lichtmetaphorik findet sich nicht nur im Alten und Neuen Testament („Ich bin das Licht der

Welt", Joh 8,12). Sie prägt uns bis in den Kirchenbau. Fast alle Kirchen sind geostet, so dass die aufgehende Sonne ihr Licht auf den Altar wirft. Morgenstern und Morgenröte stehen für den auferstandenen Christus.

Der Begriff *Orient* entsteht aus dem Lateinischen *(sol) oriens* = aufgehend(e Sonne) = *Osten*. Orient beschreibt das Morgenland, im Unterschied zum Okzident (Abendland). Im Sprachgebrauch werden die Begriffe nicht einheitlich abgegrenzt. Im Allgemeinen versteht man unter Orient die Länder Vorderasiens (auch: Vorderer Orient) mit Ägypten.

Der Doppelsinn des Sprichwortes *Ex oriente lux* bezeichnet also den Osten nicht nur als Ort der aufgehenden Sonne, sondern stellt zugleich fest, dass der Ursprung der Erleuchtung im Orient zu finden ist. Nicht ohne Grund findet sich der letzte Gedanke im Begriff *Orientierung* wieder. Beleuchtung und Erleuchtung sind dem Äußeren und dem Inneren zugeordnet, dem Physischen und dem Metaphysischen.

Heimliche Geschenke – Nikolaus

In der lateinischen Kirche wird der Gedenktag des heiligen Nikolaus von Myra wenigstens seit dem 8./9. Jahrhundert begangen. Und zwar seit jeher am 6. Dezember. Die erste nach ihm benannte Kirche nördlich der Alpen hat der Gründer des Bistums Münster, Liudger, vor 800 in Billerbeck geweiht. Nahezu jedes Kind kennt Nikolaus als „Kinderbeschenker". Zu Nikolaus gehören zahlreiche Legenden, deren älteste bis in das 5./6. Jahrhundert zurückreichen. Über Nikolaus haben wir aber eben nur Legenden, nichts historisch Fassbares. Alle gegenteiligen Behauptungen sind unwahr. Und die Legenden des Heiligen haben ein Problem: In ihnen sind zwei Bischöfe mit dem Namen unentwirrbar miteinander verknüpft, eben jener Nikolaus, der Bischof von Myra gewesen sein soll, und Abt Nikolaus vom Kloster Sion bei Myra, der später Bischof von Pinora wurde und am 10. Dezember 564 starb.
Die alten (griechischen) Legenden von Nikolaus spielen mit der Zahl drei. So auch die Jungfrauenlegende, nach der Nikolaus drei jungen Frauen heimlich durch Goldkugeln die Ausstattung ver-

schafft hatte, dass sie heiraten konnten. Wahrscheinlich im 12. Jahrhundert entstand in Gallien eine parallele Legende, nach der Nikolaus drei Scholaren, die ein Wirt getötet und eingepökelt hatte, wieder zum Leben erweckte. Das machte Nikolaus zum Kinderfreund und Kinderbeschenker. Und in alter Tradition, bis in das 17. Jahrhundert, schenkte Nikolaus heimlich, ohne dass er von den Kindern gesehen wurde.

Martin Luther suchte die Bedeutung des Nikolaus dadurch zu mindern, indem er ihm das Schenken nahm und dies auf Weihnachten verlegte. Bis zur Reformation war Weihnachten ein reines Kirchenfest, das erst durch Luthers Eingriff langsam bei den Protestanten und dann auch bei den Katholiken zum Familienfest wurde. Seitdem werden Kinder – und nicht nur sie – an Weihnachten beschenkt, meist so wie Nikolaus geschenkt hat: heimlich.

Zu Nikolauszentren sind außer Myra in der heutigen Türkei vor allem Bari in Süditalien, Rom und Saint Nicolas de Port in Lothringen geworden.

Rorate

Im Advent werden frühmorgens Rorate-Messen vor dem ausgesetzten Allerheiligsten gefeiert, die stark von der Licht-Symbolik geprägt sind. Nur Kerzen dürfen den Kirchenraum erhellen. Auch die Gläubigen haben jeweils eine Kerze an ihrem Platz stehen. Die Lichtsymbolik bezieht sich auf Christus, der als aufgehende Sonne verstanden wird. Der Name dieser Messen kommt von *Rorate, caeli, desuper, et nubes pluant justum*, was zu Deutsch heißt: „Tauet, Himmel, von oben! Ihr Wolken, regnet den Gerechten" (Jes 45, 8), oder wie es in einem bekannten Kirchenlied heißt: „Tauet, Himmel, den Gerechten, Wolken regnet ihn herab …" Mit dem *Rorate*-Text beginnt das Eingangsgebet der Messe, die sich im Übrigen als eine Votivmesse zu Ehren der Gottesmutter versteht.

Rorate-Messen waren nicht nur in den Alpenländern sehr beliebt. Sie hießen auch *Engelamt*, weil das Evangelium die Verkündigung des Herrn durch den Engel Gabriel erzählt. In dem seit 1969 gültigen Messbuch hat jeder Tag im Advent eigene Texte erhalten. Deshalb sind die Rorate-Messen, die vor der Liturgie-Reform oft vom 17. bis zum 24. Dezember täglich gefeiert wurden, zahlenmäßig zurückgegangen. Zurzeit gilt, dass sie nur noch an den Werktagen des Advent bis einschließlich zum 16. Dezember gefeiert werden dürfen.

Das Alter der Rorate-Messen ist nicht bekannt. In Bayern sind sie seit dem 15. Jahrhundert nachgewiesen. Sie dürften aber erheblich älter sein und haben sich sicher mit dem Advent entwickelt, nachdem Maria seit 451 durch die Kirche als *Gottesgebärerin* bezeichnet wurde. Diese Gottesdienste wurden von den Menschen oft schon auf Jahre hinaus „vorbestellt".

Ein besonderes Rorate-Amt war das am Quatember-Mittwoch im Advent. Es hatte eine solche Bedeutung gewonnen, dass die Rorate-Messen in einigen Gegenden *Goldene Messe* hießen.

In der religiösen Volksfrömmigkeit wurde dieser Messe eine spezielle Wirksamkeit für Familie, Lebende und Tote, selbst für das Vieh, Haus und Hof zugeschrieben. Ein würdiger Gottesdienst sollte für das Folgejahr Fruchtbarkeit erwirken.

Vom Paradeisel und vom Christbaum

In allen Kulturen und Religionen symbolisiert der Baum *Leben*; deshalb sind Bäume Göttersitze, befinden sich heilige Orte in Hainen, entstehen Gerichtslinde und Maibaum. Auch in der Bibel spielen Bäume eine große Rolle: vom *Paradiesbaum* über den *Baum der Verheißung* bis zum Kreuzesbaum.

Der Christbaum hat seine „Karriere" im Paradiesspiel in der Kirche vor der Christmette begonnen. Das fand am 24. Dezember, dem Gedenktag für Adam und Eva, vor dem Krippenspiel statt. Ersteres erklärte, wie die Schuld in die Welt kam, das Zweite, warum und wie der Messias geboren wurde.

Der Paradiesbaum mit den Äpfeln, den Früchten am Baum der Erkenntnis, wurde im Laufe des Mittelalters von den Zünften übernommen, die für ihre Weihnachtsfeiern einen Gabenbaum brauchten, der von den Kindern geplündert werden durfte. Als im 17./18. Jahrhundert Kerzen diesen Baum zum *Lichterbaum* machten, entstanden Varianten, weil nicht jeder einen echten Baum erwerben konnte. Pyramidenförmige Kerzengestelle, *Klausenbaum* oder *Paradeisel* genannt, sowie Weihnachtspyramiden standen auf dem Wohnzimmertisch. Erst nachdem die Eisenbahn ganz Deutschland miteinander verband, konnte jeder überall einen – relativ – preiswerten Christbaum erwerben.

Was wir nicht benennen können, weil es keinen Namen hat, gibt es faktisch nicht. Umgekehrt gilt, wo ein Name verschwindet, schwindet auch der Sinn des Benannten. In diesem Sinn haben die Gegner der Christen immer gearbeitet. So wurde aus dem Christbaum ein Weihnachtsbaum oder ein Festtagsbaum. Heute stehen die Christen selbst in der Gefahr, durch nachlässigen Umgang mit den eigenen Begriffen den mit ihnen verbundenen Sinn zu verlieren.

Aller Anfang geht mit

Aus dem Augustinus-Zitat „Wie der Anfang, so das Ganze“ machte der Volksmund: Der Anfang geht immer mit. Die Vorstellung, nach der Form und Inhalt eines Beginns das Nachfolgende prägen, ist uralt. Aus ihr ergab sich die Meinung, durch ein besonderes Verhalten am ersten Jahrestag das restliche Jahr prägen zu können. Schulden waren deshalb noch im alten Jahr zu begleichen. Das neue Jahr hatte man frisch gewaschen zu begrüßen; der Schmutz des alten Jahres war damit symbolisch abgewaschen. Oft gehörte neben dem Waschen noch das Tragen neuer Kleidung dazu. Und damit man im neuen Jahr genügend Geld in der Tasche hatte, trug man zum Anlocken Geld in der Tasche, aß reichlich, damit man nicht hungern musste, war fröhlich und sauber, um auch im neuen Jahr unbeschadet und gut gelaunt zu bleiben. Wenn man Neujahr etwas falsch macht, geht es das ganze Jahr verkehrt, meinten die Menschen im Erzgebirge. Dieses magische Verständnis sorgte dafür, dass Streit zu Neujahr tabu, Ordnung in allem erste Bürgerpflicht und reichliches Essen

und Trinken notwendig waren, damit im neuen Jahr Streit unterblieb, die Umwelt geordnet und die Bäuche gesättigt waren. Belege für schriftliche und dann auch für gedruckte Neujahrswünsche, oft mit Neujahrssprüchen verbunden, gibt es seit dem 15. Jahrhundert.
Neujahrsbesuche waren mit dem Überbringen von Neujahrsgebäck verbunden. Das im Rheinland zum Termin übliche Gebäck heißt Neujährchen. Der gleiche Begriff steht aber auch für die Neujahrsgabe an Personal, Müllabfuhr, Briefträger und andere. Das Festtagsgebäck kann aber auch Neujahrskringel, -kranz, -zopf, -brezel, -striezel heißen. Als festliches Gebäck bestand es aus Weizenmehl. Um die erwünschte Vielfalt und den begehrten Überfluss anzulocken, verwendet man gerne Mohn und Hirse, Körner. Sie symbolisieren Vielfalt und Überfluss.
Auch die Form des Gebäcks hat symbolische Bedeutung. Der Kreis versteht sich nicht nur als Jahreskreis, sondern auch als geschlossener Schutzkreis. Der Zopf dagegen betont das unlösliche Miteinander, das *In Treue fest*. Das Neujahrsgebäck in Ostfriesland wird als springendes Pferd gebildet. Die Schweizer nennen ihr Gebäck *Heilswecken*.

Eine magische Karriere – die Heiligen Drei Könige

Nur der Evangelist Matthäus erzählt (2,1–16) von Magiern (griech. *magoi*), medisch-persischen Priestern bzw. Astrologen, die einen *Stern* gesehen haben, dem sie bis nach Jerusalem und dann nach Betlehem gefolgt sind. Über Herkunft, Anzahl und Namen dieser Magier schweigt sich Matthäus aus. Aber schon Origenes (um 185–254) schließt von den drei Geschenken Gold, Weihrauch und Myrrhe auf drei Magier. Tertullian (um 160–220) verknüpft die Erscheinung der Magier mit der alttestamentlichen Prophezeiung (Jes 60,3; Ps 72,10): „Könige von Tarschisch, Saba und Scheba bringen Geschenke." Seit Caesarius von Arles (469–542) gelten die Magier als Könige. Auch Namen für die drei entstehen sehr früh: Das aus dem 6. Jahrhundert stammende Mosaik in Ravenna *S. Apollinare Nuovo* listet auf: Der Älteste heißt *Caspar* (persisch: *Schatzmeister*), der mittlere *Balthasar* (= *Lichtkönig*), der jüngste *Melchior* (= *Gottesschutz*). Keiner der drei besitzt eine schwarze Hautfarbe. Einer davon, zunächst überwiegend Kaspar, später aber Melchior, wurde zum *Mohren* und Vornehmsten der Drei. Seit Beda Venerabilis (674–735) repräsentieren die Drei Könige zusätzlich die drei Lebensalter: Jüngling, Mann „in den besten Jahren" und Greis. Die Dreikönige versinnbildlichen darüber hinaus die drei damals bekannten Kontinente: Europa, Asien und Afrika. Hierzu passen die Reittiere, die ihnen beigesellt werden: Pferd, Kamel und Elefant.

Den weiteren Lebensweg erzählt das apokryphe Evangelium des Thomas (6. Jh.): Taufe, Priester-, Bischofsweihe und Tod um 53 nach Christus. Ihre Reliquien, so berichtet ihre Legende von 1364, gelangten über Konstantinopel nach Mailand und 1162 in den Besitz des Reichskanzlers Rainald von Dassel (1159–1167), dem Kölner Erzbischof, der sie am 23. Juli 1164 feierlich in die Stadt Köln überführte. Hier wurde 1180–1225 durch den *Meister von Verdun* für die Reliquien ein kostbarer Reliquienschrein angefertigt. Die Reliquien wurden 1248 Anlass zum Bau der berühmten Kölner gotischen Kathedrale.

Die Zeit im Jahreskreis (Teil 1)

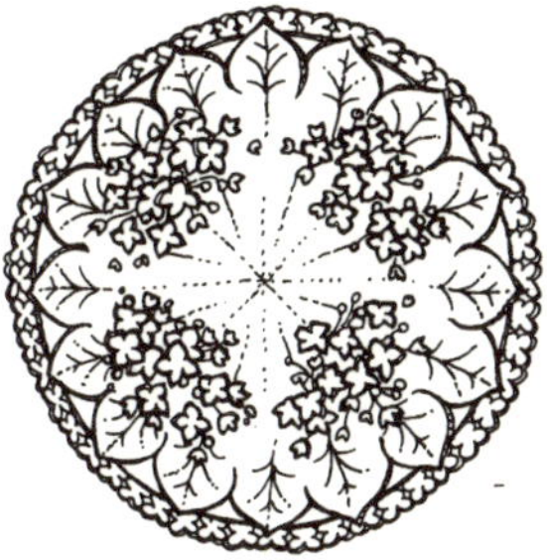

Vom *Sautoni* oder *Ferkestünn* – Antonius

Der Eremit und *Mönchsvater* Antonius soll der Überlieferung nach 105-jährig um 356 gestorben sein. Legenden erzählen, der berühmteste Mönch des Altertums habe allen Versuchungen des Teufels widerstanden, der sich ihm immer wieder in Form eines Schweines genaht habe. Deshalb wird Antonius zusammen mit einem Schwein dargestellt.
Im 14. – 18. Jahrhundert wurde Antonius ganz besonders als Wundertäter und Krankenpatron hoch verehrt. Er galt als Schutzherr der Armen und Kranken, der Haustiere, hier besonders der Schweine, der Schweinehirten, Metzger und Bürstenmacher, zeitweise war er auch der Patron der Ritter. Eine seuchenartige Krankheit mit Namen *Antonius-Feuer* verstand man als eine von Antonius auferlegte Strafe, die der Heilige aber auch gnädig verhindern konnte. Heilung erhofften sich die vom Antonius-Feuer befallenen Kranken vom *Antonius-Wasser*, das zu Ehren des Heiligen ausgeteilt wurde.
Im Rheinland nannte man Antonius mit liebevoller Respektlosigkeit und intimster Vertrautheit

Sautoni oder *Ferkestünn*, Westfalen stand mit *Swinetünnes* und Tirol mit *Fackentoni* nicht nach. Der Krankenpflegeorden mit Namen *Antoniter* besaß das einzigartige Privileg, die *Antoniussäue*, ihre Schweine, als Entgelt für ihre Pflegetätigkeit frei herumlaufen zu lassen. Niemand durfte die Antoniussäue verjagen, sie mussten von allen gefüttert werden. In anderen Gegenden Deutschlands hielten sich Pfarrgemeinden ein Antoniusschwein mit einer Glocke am Hals. Es hauste in einem Stall bei der Kirche, hatte aber Freigang im ganzen Dorf. Wenn dieses Schwein geschlachtet wurde, verteilte man sein Fleisch an die Armen.
Der Antoniustag (17. Januar) brachte Schweinebraten, Kassler oder Schweinskopfsülze auf den Tisch. Für diesen Tag wurden *Antoniusbrote* oder *Antoniusbrötchen* aus Weizenmehl gebacken. Sie galten besonders für Tiere als heilkräftig. Antonius ließ sich auch in populäre „Heiligen-Teams“ einbinden: als einer der 14 Nothelfer, einer der Vier Marschälle Gottes und – in Verbindung mit den Heiligen Sebastian und Rochus – als Pestpatron.

Wie ein Metropolit an sein Pallium kommt – Das Fest der heiligen Agnes

Das Pallium der Metropoliten (= Erzbischöfe als Leiter eines Erzbistums) ist ein Band aus weißer Wolle, das bei Gottesdiensten um den Hals getragen wird und von dem auf Brust und Schulter je ein Band herabhängen. Eingestickt sind schwarze Kreuze; schwarz sind ebenfalls die Enden der herabhängenden Bänder. Bis zum 11. Jahrhundert war es ein Zeichen der besonderen Verbundenheit mit dem Papst, bis es schließlich zum pflichtgemäßen Ornat der Metropoliten und Erzbischöfen in ihren Sprengeln wurde. Das Pallium steht in einer besonderen Verbindung zum Fest der heiligen Agnes (Lamm = lat. *agnus*) am 21. Januar.
Die Basilika *Sant' Agnese* steht über den Katakomben, in denen auch die heilige Agnes, in Rom als Stadtpatronin verehrt, beigesetzt wurde, an der alten *Via Nomentana.* Jedes Jahr an ihrem Gedenktag feiert der Abt der lateranensischen Chorherren in dieser Kirche ein feierliches Pontifikalamt. Wenn der Wortgottesdienst beendet ist, werden durch die Reihen den applaudierenden Römern, die der Jah-

reszeit wegen fast unter sich sind, zwei Lämmer in mit Blumen und Lorbeer geschmückten Körben auf den Alter gestellt. Die Lämmer sind ein Geschenk der Trappistenabtei *Tre Fontane.* Die Lämmer stehen für Christus (*agnus dei – Lamm Gottes*), die Gemeinde („verlorenes Schaf") und – wegen der Namensähnlichkeit – für die heilige Agnes, denn das lateinische Wort *agnus* (Lamm) ähnelt dem Namen Agnes. Dieser Name scheint aus dem Griechischen abgeleitet zu sein, denn *agneia* bedeutet Reinheit, Züchtigkeit und *agne* rein.

Wenn der Generalabt die Lämmer gesegnet hat, werden sie in den Vatikan gebracht, von wo aus sie in die Obhut der Benediktinerinnen in Trastevere gegeben werden. Aus der Wolle dieser Lämmer fertigen die Schwestern die *Pallien*, weiße Stoffbänder mit zwei gegenüberliegenden Streifen, bestickt mit schwarzen Kreuzen. Bis die Pallien an die Erzbischöfe verliehen werden – meist am Fest von Peter und Paul (29. Juni) – werden sie in einem Behälter am Grab Petri aufbewahrt und so zu Berührungsreliquien. Legt der Papst dem Metropoliten das Pallium um, nimmt dieser symbolisch Hirt das Lamm auf seine Schultern und tritt damit in die Fußstapfen Christi (vgl. Mt 18, 12–14).

Vom Löschen des Lichts und von neuen Kerzen – Mariae Lichtmess

Das heute „Darstellung des Herrn“ genannte Fest am 2. Februar wurde seit Anfang des 5. Jahrhunderts in Jerusalem am 40. Tag nach der Geburt Jesu gefeiert, in Rom seit etwa 650. Kerzenweihe und Lichterprozession kamen erst später hinzu, wodurch sich der Name *Lichtmess* einbürgerte. Auf Wachsmärkten und Licht(er)messen kauften Familien die für das nächste Jahr benötigten Kerzen, die dann in der Kirche gesegnet wurden.

Die weihnachtliche Lichtsymbolik kam an diesem Tag noch einmal zum Tragen, denn eine Lichterprozession fand in der Kirche statt. In manchen Gegenden wurden die Kerzen farblich unterschieden: die Männer bekamen weiße Kerzen, die Frauen rote. Andernorts verwendete man lange Kerzenstöcke in der Kirche, die dann daheim zerschnitten und den einzelnen Familienmitgliedern zugewiesen wurden. Man holte so Jesus Christus, der als Licht der Welt beschrieben wird, ins Haus. Er war, wenn beim Gebet die Kerzen brannten, mitten unter den Betern. Das war wichtig beim

Rosenkranzgebet, besonders aber bei Unwetter, schwerer Krankheit und beim Sterben.
Früher war der Tag auch mit einem Lichterumzug verbunden. Die Crêpes, ganz dünne Pfannkuchen, galten an diesem Tag als Festtagsgebäck. Der Köchin, der es an diesem Tag gelang, den ersten Pfannkuchen so in der Luft zu wenden, dass er wieder wohlbehalten in der Pfanne landete, sollte das ganze Jahr über das Geld nicht ausgehen.
Auch den Dienstboten ging es an diesem Tag gut: Sie wurden entlohnt und hatten einige Tage frei. Meist besuchten sie ihre Verwandten. Die Weihnachtszeit war nun zu Ende, und für die Bauern begann nun wieder die Feldarbeit. Bei den Handwerkern endete mit Lichtmess die Arbeit bei Kunstlicht, die am Montag nach dem Festtag des Erzengels Michael (29. September) begonnen hatte. Um diesen Tag gebührend feiern zu können, gaben die Meister ihren Gesellen und Lehrlingen oft den Nachmittag frei. So kam er zu dem Namen *Lichtblaumontag*. Diese Bezeichnung, so sagen einige Experten, sei die Vorlage für jenen berüchtigten Tag geworden, den man sich angewohnt hat, *Blauer Montag* zu nennen, der Tag, an dem man „blau" macht.

Ein Helfer ist Sankt Blasius – der Blasiussegen

„Durch die Fürsprache des heiligen Bischofs und Märtyrers Blasius befreie und bewahre dich der Herr von allem Übel des Halses und jedem anderen Übel. Es segne dich Gott, der Vater und der Sohn und der Heilige Geist." Oder: „Der allmächtige Gott schenke dir Gesundheit und Heil. Er segne dich auf die Fürsprache des heiligen Blasius durch Christus, unsern Herrn." Das sind die Worte des Priesters beim *Blasiussegen*, der am 3. Februar oder nach den Gottesdiensten am Fest der Darstellung des Herrn (früher: Maria Lichtmess, 2. Februar) erteilt wird. Traditionell wird dieser Segen über zwei gekreuzte Kerzen gespendet.

Der heilige Blasius war Bischof von Sebaste in Kleinasien und wurde wahrscheinlich um 316 nach schweren Folterungen enthauptet. Seine Legende erzählt, im Kerker habe Blasius einen Jungen, der an einer Fischgräte zu ersticken drohte, durch sein Gebet geheilt. Verehrt wird Blasius seit dem 9. Jahrhundert. Schon im Mittelalter rechnete man ihn unter die Vierzehn Nothelfer.

Der Blasiussegen lässt sich bis in das 16. Jahrhundert zurückverfolgen.
Der Heilige wird dargestellt als Bischof mit Kerze, Kanne, Schwein oder Wolf. Er gilt als Patron der Ärzte, Bauarbeiter, Hutmacher, Musikanten und Weber. Er wird angerufen für eine gute Beichte und gegen Halsleiden, Kinderkrankheiten, Pest, wilde Tiere und Zahnschmerzen.
Von Peter Gerloff stammt der Text eines Blasius-Liedes, das auf die Melodie von „Was Gott tut, das ist wohlgetan" (GL 294) gesungen werden kann:

Ein Helfer ist Sankt Blasius,
vorzeiten und auch heute,
mit Geist und Kraft im Überfluss
für leidgeprüfte Leute.
In Atemnot, vom Wolf bedroht,
gequält von Gicht und Galle –
er half, er heilte alle.

Ein Helfer ist Sankt Blasius,
vorzeiten und auch heute,
ein Arzt bei Gram und Überdruss,
der keine Mühe scheute.
In Angst und Streit und Traurigkeit –
er half in jedem Falle,
und fröhlich wurden alle.

Vom Sinn des Unsinns – Karneval

Wie ein Introitus zu närrischen Freuden wird im Rheinland „Kumm, loss mer fiere“ gesungen. Ihm entspricht als Schlusslied, in dem melodramatisch der Anfang vom Ende besungen wird, das Lied: „Am Aschermittwoch is' alles vorbei.“ Das Wissen um die Begrenztheit und die Endlichkeit der Narretei ist zwar Urbestand karnevalistischen Wissens. Jede kurze *Session* lässt jedoch die Narren aufstöhnen: Warum kann man dann nicht einfach die Session verlängern? Eine närrische Frage? Klar! Und ernst gemeint dazu!

Die Karnevalszeit hat traditionell feste Bezugspunkte. Die Eröffnung der Session zum närrischen Termin am 11.11. um 11.11 Uhr ist eine Erfindung des 19. Jahrhunderts. Der Tag gibt einen ersten Ausblick: Prinzenpaar oder Dreigestirn sowie das Motto werden vorgestellt. Der Tag ist ein karnevalistischer Appetizer – nicht weniger, aber auch nicht mehr. Wenn der 11.11. manchem Narren als „uralte“ Tradition erscheint, lässt das nicht unbedingt auf den Grad seiner Narrheit schließen: Die 11 ist seit dem Mittelalter eine Zahl, die symbo-

lisch die Narretei anzeigt, denn sie überschreitet die vorgegebene Ordnung des Dezimalsystems. Wer das elfte Gebot hinter den von Gott gegebenen zehn erfindet, kann nur närrisch sein!
Der eigentliche Karneval, der Sitzungskarneval und die Maskenbälle, beginnen mit dem Dreikönigstag, dem 6. Januar. Dieser Termin knüpft an das alte Bohnenfest an, das durch den Königskuchen am Dreikönigsabend (5. Januar) ausgelöst wurde. Wer die Bohne im Kuchen fand, wurde Bohnenkönig und musste ein Maskenfest ausrichten.
Fastnacht, Fasching oder Karneval sind seit dem 12. Jahrhundert auf die Zeit zwischen Dreikönige und Aschermittwoch eingegrenzt, weil die Fastnacht ein Schwellenfest ist und am Vorabend des Aschermittwochs entstand. Die „drei tollen Tage“, die wir noch in alten Fastnachtsliedern besingen, sind ursprünglich der Donnerstag vor dem Karnevalssonntag, der Montag und der Dienstag. Als sich nach 1823 der *Rosenmontag* mit dem Straßenkarneval und dem Rosenmontagszug durchsetzte, lief dieser Tag dem *Veilchendienstag* den Rang ab.

Karriere eines fortgefallenen Feiertags – der Vielliebchentag

In Gallien wurde Weihnachten lange am 6. Januar gefeiert, weshalb die 40 Tage später gefeierte Darstellung des Herrn auf den 14. Februar fiel. Als Weihnachten – wie in der übrigen Kirche – auf den 25. Dezember vorverlegt wurde, folgte das Fest der Darstellung am 2. Februar. Der 14. Februar war nun ein „leerer" Festtermin, der sich mit neuem Sinn füllte. Es entstand der *Valentinstag* oder – wie er früher hieß – der *Vielliebchentag*.
Der Valentinstag beruft sich auf einen heiligen Valentin, dessen Gedächtnis angeblich am 14. Februar begangen wird. Zumindest seit der nachkonziliaren Kalenderreform gibt es diesen Heiligen nicht mehr – an diesem Tag und überhaupt – im Kalender. Zuvor aber wurde am 14. Februar eines heiligen Valentin gedacht, der wahrscheinlich Bischof von Terni gewesen war. In seinen offiziellen Legenden ist nichts von dem zu finden, was ihm die Vermarkter des Valentinstages zuschreiben: Rosen an Liebende und illegale Ehezeremonien.
Vielleicht hat man sich zur Zeit des leeren Festtages daran erinnert, dass im heidnischen Rom am

14. Februar das Fest des Hirtengottes *Lupercus* gefeiert wurde, an dem junge Männer und junge Frauen durch Losentscheid miteinander auf Zeit verbunden wurden. Niemand weiß es genau. Bekannt ist, dass kirchliche Versuche, dem Tag einen anderen Akzent zu geben, wenig erfolgreich waren: Statt den Namen eines Liebsten zu losen, sollten die Jugendlichen Namen christlicher Heiliger küren, deren Leben und Tugenden sie sich zum Vorbild nehmen sollten. Ein typischer Fall, bei dem die Interessen der Zielgruppe mit denen der klerikalen Animateure nicht übereinstimmten, was die Nachfrage in kürzester Zeit gegen Null führte!

In den im Mittelalter unter angelsächsischem Einfluss stehenden Ländern – England, Nordfrankreich, Belgien – war mit dem Valentinstag eine Variante des *Mailehens* verknüpft: Im Mai ersteigerten unverheiratete junge Burschen für ein Jahr ein unverheiratetes Mädchen, das ihnen gefiel und das sie nun ausführen und – natürlich in allen Ehren! – als Partnerin betrachten durften. In England durfte sich am 14. Februar, an dem sich angeblich die Vögel paarten, jeder *Valentin* seine *Valentine* wählen.

Fasten- und Osterzeit

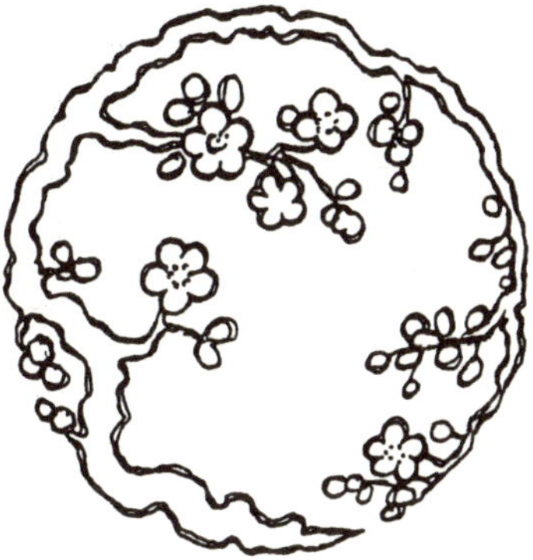

Fastfood ist kein Fastenessen

Vasten ist ein mittelalterliches Wort, das *[fest-] halten, beobachten, bewachen* bedeutet. Seine asketische Ausdeutung im Sinne von Enthaltsamkeit scheint erst mit der Bedeutung von *an den Fastengeboten festhalten* verbunden gewesen zu sein, um sich dann ab dem 5. Jahrhundert auszubreiten. Es entstanden *das Fasten* als spirituelle Haltung und *die Fasten* als Fastenzeit.

Die Bedeutung des Fastens hat auch die Umgangssprache geprägt. Die Franzosen formulieren mit sarkastischem Charme: *Danser devant le buffet* = Vor dem (leeren) Küchenschrank tanzen. *Vor leeren Schüsseln sitzen* oder *die Schüssel leer finden* lauten deutsche Redensarten. Fasten ist also keine Diät oder Hungerkur, sondern religiös begründete, freiwillige Nahrungsreduktion in Bußzeiten.

Jesus hatte heftige Kritik an der jüdischen Fastenpraxis geübt, die ihm mehr Schein als Sein war. Weil Jesus vor Beginn seines öffentlichen Wirkens 40 Tage gefastet hatte (Mt 4,2), wurde sein Fasten zum Maß des vorösterlichen Fastens.

Die österliche Fastenzeit dauert von Aschermittwoch bis zur Ostermette. In ihr gelten die Regeln des Fastens: lediglich eine volle Mahlzeit pro Tag und zwei Mal ein kleiner Imbiss. An das Fastengebot sind alle, die das 18. Lebensjahr vollendet haben, bis zum Beginn des 60. Lebensjahres gebunden. Die Deutsche Bischofskonferenz hat diese Regelung 1978 bestätigt. Als geistliche Methoden sind Fasten und Abstinenz ein Leben im Geist der Buße, Bereitschaft zur Umkehr und haben eine Neuausrichtung auf Gott zum Ziel.

Ungleich strenger als heute waren die Fastenregeln im Mittelalter: Nicht nur Fleisch und Fett waren verboten, auch alle Milchprodukte wie Milch, Butter, Käse und auch Eier, die als „flüssiges Fleisch" galten. Erst 1491 und dann unter Papst Julius III. (1550 – 1555) wurden diese Regeln etwas gelockert.

Die defizitäre kulinarische Lage in der Fastenzeit hat immer die Phantasie der Menschen angeregt, darüber nachzudenken, wie man diese Phase ohne Höhepunkte an Küchenereignissen dennoch erträglich werden lassen konnte. „Rheinisch-katholisch" hieß das schnoddrig: Wenn man schon fasten muss, will man aber wenigstens gut esse!

Schmachtlappen und Hungertuch als Zeitanzeige

Schon um das Jahr 1000 wird der Brauch erwähnt, in der Fastenzeit vor dem Altar das *Fastenvelum* (auch *Fastentuch, Fastenlaken, Hungertuch, Kummertuch, Schmachtlappen*), anzubringen, anfangs wohl ein unifarbenes violettes oder schwarzes Tuch. Eine alte Handschrift aus Augsburg berichtet über das Hungertuch: „Darin [in der Fastenzeit] eszen sie 40 tag kein fleisch, auch nit milch, kesz, ayr, schmalz, dann vom remischen stuel erkaufft. Da verhüllt man die altar und hayligen mit einem tuech und last ein hungertuech herab, daz die syndige leut die götz nit ansehen." Oft wurde in einzelnen Feldern des Tuches die Heilsgeschichte erzählt: von der Schöpfung bis zum Endgericht, oder es wurden Pflanzen oder Tiere dargestellt.
In den Predigten Geilers von Kayserberg über das Narrenschiff heißt es: „Dich soll leren das Hungertuch, so man ufspannt, Abstinenz und Fasten." Ursprünglich sind die Hungertücher Objekte eines mittelalterlichen fastenzeitlichen Verhüllungsbrauches, der später zum Symbol für Fasten und Buße

wurde. Man hing das Fastentuch zu Fastenbeginn am Aschermittwoch auf. Es hing vor dem Hauptaltar, konnte aber, weil es meist zweigeteilt war, zur Seite gerafft werden. Hängen blieb das Fastenvelum bis zur Komplet am Mittwoch der Karwoche. Hieß es dann in der Passion: *... et velum templi scissimum est medium ...* (und der Vorhang des Tempels riss mitten entzwei), wurde das Tuch heruntergelassen. Die durch diesen Ritus begründete Redensart: „Das Fastentuch ist gefallen" bezeichnete – direkt und indirekt – das Ende der Fastenzeit. Vor dem Hauptaltar wurde das Fastentuch an den Sonntagen zur Seite gezogen, nicht aber die Fastentücher an Seitenaltären. An den Wochentagen versperrte das Fastentuch auch den Blick auf den Hauptaltar.

Hungertücher zur Altarverhüllung gehören zu den religiösen Verhüllungsriten. Es gibt sie nicht nur in der Ostkirche am Beispiel der *Ikonostase*. In der Westkirche kann man auf die aus frühchristlicher Zeit bekannte Verhüllung des Kreuzes, der Bilder und Reliquiare während der Passionszeit verweisen. Allerdings hat die Westkirche eine Vorliebe für die Schaubarkeit kultischer Mysterien entwickelt. Die Altarverhüllung während der Fastenzeit sollte als Bußübung der Gläubigen verstanden werden.

Palmesel und der Palm des kleinen Mannes

In der Passion Christi wird berichtet, dass die Juden Jesus Christus, auf einem Esel reitend, bei seinem Einzug in Jerusalem mit Palmen zujubelten. Am Zweiten Passionssonntag wird die Leidensgeschichte als Evangelium in der Messe vorgelesen und bildet den Hintergrund für die Palmweihe und eine Palmprozession, in der der jubelnde Einzug Jesu in Jerusalem memoriert wird. Dieser Tag heißt darum umgangssprachlich *Palmsonntag*, manchmal auch schlicht *Palm*.

Die Prozession am Palmsonntag spielte im Mittelalter den Einzug Jesu In Jerusalem nach, so wie er im Matthäusevangelium (Kap. 21) geschildert wird: Ein mit frischem Grün und den früh blühenden Blumen geschmückter Esel wurde mitgeführt. Auf ihm saß ein Seminarist oder junger Kleriker, der Jesus darstellte, wie dieser in Jerusalem einzog. Sehr bald ersetzte man den lebenden Esel und den Kleriker durch geschnitzte, wie sie sich in verschiedenen Kirchen und Museen noch finden lassen. Palmesel dieser Art sind seit dem 10. Jahrhundert bezeugt.

Da echte Palmzweige in Deutschland früher nicht

und heute nur gegen entsprechende Kosten zu erhalten sind, hat sich nördlich der Alpen der Buchsbaum (lat. *buchsus semperivircus L.*) als Palm des kleinen Mannes durchgesetzt. Nur das ein oder andere Domkapitel lässt für seine Zwecke eigens echte Palmzweige einfliegen.

Beim Einsatz des Buchsbaums mischen sich Christliches und Abergläubisches. Geweihter Palm kam in Haus und Hof an jedes Kreuz, hing in der Scheune und Remise. Man hielt es für Blitz abwehrend, als Schutz vor Hagelschlag, Missernte und Seuchen. Palmblätter wurden in das Viehfutter gemischt und sogar in das eigene Palmsonntagsessen, weil so angeblich Schutz vor Krankheiten gewährt wurde. Palmtee galt als wirksam gegen Lungenkrankheiten. Der Palmstrauß, der in die Kirche mitgenommen wurde, wurde in einzelnen Landesteilen unterschiedlich geschmückt. Weidenkätzchen, Narzissen oder Osterglocken gehörten oft dazu. Wenn der Strauß gesegnet aus der Kirche ins Haus zurückkam, steckte man einzelne Buchsbaumzweige hinter die Kreuze in den Zimmern und brachte andere in die Stallungen. In Oberbayern kann man immer noch Palmsträuße auf den Feldern sehen, die so teilhaben sollen am Segen des Leidens Christi.

Scala Santa, Kreuzweg und andere Formen der Passionsfrömmigkeit

Die Reise nach Jerusalem, bis heute von Kindern in einer Spielhandlung nachgespielt, war ursprünglich die Wallfahrt ins Heilige Land, die sich als Nachfolge Christi verstand. Wer sich auf die Spuren Jesu begab, folgte Christus nach: Er verinnerlichte seinen Glauben, indem er es Christus nachtat. Jerusalem war das vorrangigste Pilgerziel – Rom, Santiago de Compostela, Aachen, Trier und Köln waren nachgeordnet. Aber nicht jeder konnte eine langwierige und lebensgefährliche Wallfahrt antreten. Jerusalem war schließlich sogar für Christen fast unerreichbar.

Die Menschen begannen deshalb Jerusalem zu Hause nachzubauen: Kalvarienberge entstanden: ein steiler Weg, der auf den Gipfel eines Berges führt, auf dem die Hinrichtungsstätte auf dem Berge Golgota nachgebaut wurde. Später wurden diese Kreuzwege in die Kirche eingebracht: als Bilder wurden die einzelnen Stationen des Kreuzweges in der Kirche aufgehängt. Auch das Grab Jesu in Jerusalem wurde in Europa nachgebaut: Einerseits ist das Grab Jesu, *Heiliges Grab* genannt, Bestandteil der Karfreitagsliturgie, andererseits wurde das Grab in Kirchen und Kapellen, die manchmal *Klein-Jerusalem* heißen, in Holz oder Stein nachgebaut. Die Zahl dieser Heiligen Gräber ist nicht bekannt. Besondere Orte sind: die Kreuzkapelle an den Externsteinen im Lipper Land, zu der Menschen seit fast 900 Jahren pilgern; das Görlitzer Heilige Grab, das 1489 errichtet wurde; Klein-Jerusalem in Willich-Neersen (zwischen Neuss und Mönchengladbach) entstand in der zweiten Hälfte des 17. Jahrhunderts.

Auf dem Bonner Kreuzberg befindet sich noch eine seltene Form der Passionsfrömmigkeit: eine Heilige Stiege (*Scala Santa*), die seit dem Spätmittelalter als Treppe des Pilatuspalastes in Jerusalem verehrt wird. Mit dem Heiligen Grab entwickelte sich die Form des Vierzigstündigen Gebetes. Die symbolträchtige Zahl 40 entsprach dem Zeitraum, den Jesu Leichnam im Grab zugebracht haben soll.

Was das Ei mit Ostern zu tun hat

Im Mittelalter galten Eier als „flüssiges Fleisch“, und weil Fleisch in der Fastenzeit zu genießen verboten war, erstreckte sich dieses Speiseverbot auch auf Eier und Eierspeisen. Das war deshalb bedauerlich, weil sich die Hühner ausgerechnet im Frühjahr als fleißige Eierleger betätigen. Einen Teil der Eier konnte man aber als Pachteier verwerten. Sie wurden zu Soleiern. Mit diesen Naturalien bezahlte man zu Ostern die fällige kleine Pacht für eine Wiese oder ein Stück Acker. Die in der Karwoche eingesammelten Eier aber wurden durch Kochen haltbar gemacht. Dann bemalte oder beklebte man sie und machte sie so zu symbolischen Geschenken, eben zu *Schenk-* oder *Ostereiern* (auch: *Pascheier, ova paschalia*). Vielleicht hat sich in dem schlichten roten Osterei, das in der griechisch-orthodoxen Kirche nach dem Ostergottesdienst überreicht wird, die Urform des österlichen Schenkeis erhalten.

Weil aus einem wie tot wirkenden Element neues Leben entsteht, spielen Eier in der Tradition vieler Völker eine Rolle. Die Christen sahen im Ei die

Auferstehung Christi und die Auferstehungshoffnung der Menschen symbolisiert. Enthalten sind diese Ideen bis heute in Redewendungen wie z.B.: „Wie der Vogel aus dem Ei gekrochen, hat Jesus Christus das Grab zerbrochen.“
Das Verschenken von Eiern von Christen zu Ostern lässt sich für die ersten christlichen Jahrhunderte bereits in Armenien nachweisen. Zu diesem Zeitpunkt waren die Ostereier kein heidnisches Frühlingsopfer mehr, kein naturaler Pachtzins für Grund und Boden und auch noch keine Folge des Fastens vor Ostern. Die christlichen Ostereier stehen für das neue Leben, das den Tod – die wie tot aussehende harte Eierschale – immer wieder durchbricht, so wie Jesus Christus Tod und Grab besiegte. Der Urtyp des christlichen Ostereies, schon vor dem Schisma von 1054 in der Ost- und der Westkirche präsent, verweist mit dem kalten und hart gekochten Ei auf das Grab Christi und mit der roten Farbe auf das vergossene Blut des auferstandenen Christus.

Nachösterliche Zeit

Dominica in albis oder *Weißer Sonntag*

Weil in Rom die Täuflinge zum ersten Mal am ersten Fastensonntag in weißen Kleidern in die Kirche einzogen, galt dieser Sonntag ursprünglich als *Weißer Sonntag*. Heute trägt der erste Sonntag nach Ostern diese Bezeichnung, dem Tag, an dem früher die Täuflinge zum letzten Mal ihr weißes Kleid trugen.

Der erste Sonntag nach Ostern hat seine Bedeutung als Tag der feierlichen Erstkommunion erst nach dem Konzil von Trient (1545–1563) gewonnen. Je nach Gegend schwankte das Alter der Erstkommunikanten zwischen sieben und vierzehn Jahren, denn das IV. Laterankonzil 1215 hatte das Alter für den ersten Empfang der Kommunion nicht genau festgelegt. Die Eltern mussten ihre Kinder selbst vorbereiten und bestimmten auch den Termin der Erstkommunion.

Vor allem die Jesuiten nahmen sich nach dem Tridentinum der Erstkommunion an. Sie bereiteten die Kinder gemeinsam vor. Und weil das Fest der Kinder nicht durch die Pflichtkommunion der Eltern zu Ostern beeinträchtigt werden sollte, wählte man den

Sonntag nach Ostern zum Festtermin und nannte ihn *Weißer Sonntag*. 1661 geschah dies zum ersten Mal in München.

Der Weiße Sonntag als Tag der feierlichen Erstkommunion wurde in der Mitte des 19. Jahrhunderts festgeschrieben, wovon jedoch nach diözesanem Recht befreit werden kann. Die Mädchen nahmen als Kommunionkinder formal die Tradition der Täuflinge als *Bräute Christi* oder *Engel* auf. Schon im *Lohengrin* (Vers 482f.) heißt es: „Nû wâren sie gelîch / ein engel, den got selber hat geprîset.“ Als *Bräutigam* werden die männlichen Kommunionkinder gekleidet. Während der Aufklärung, der Naziherrschaft und während der sozialistischen Diktatur in der früheren DDR war der Weiße Sonntag eine Gelegenheit zum öffentlichen Glaubensbekenntnis.

In der Gegenwart besteht in manchen Fällen die Gefahr, dass die Festgestaltung wichtiger wird als der Festanlass.

Maria – Maienkönigin

„Maria, Maienkönigin, dich will der Mai begrüßen. O segne ihn mit holdem Sinn und uns zu deinen Füßen. Maria, dir empfehlen wir, was grünt und blüht auf Erden. Lass uns in dieser Pracht und Zier das Werk des Schöpfers ehren“, heißt es in einem alten Marienlied, das im Monat Mai vielerorts noch gesungen wird. Der „größten aller Frauen“, wie dieses Lied die Mutter Gottes nennt, ist der schönste aller Monate, in dem alles ergrünt und erblüht, geweiht. In nahezu jeder Kirche steht ein Abbild von Maria. Und im Monat Mai ist es in der Kirche so geschmückt, wie es früher auch die Maialtäre zu Hause waren. In der Kirche, zu Hause oder in Kapellen und an Bildstöcken trifft man sich zur Maiandacht und wendet sich an die Gottesmutter, die in ihrer Menschlichkeit und Wärme den Menschen immer besonders zugänglich war. Diese Formen der Marienfrömmigkeit stammen aus dem barocken Italien und haben sich im 19. Jahrhundert in Deutschland ausgebreitet. Papst Paul VI. hat in seiner Enzyklika *Mense maio* vom 1. Mai 1965 die Verehrung Mariens im Mai als „teure Gewohnheit“ empfohlen.

In der Kunst wird Maria gerne mit symbolischen Blumen dargestellt. Maiglöckchen, Gänseblümchen, Veilchen, Akelei, Lilien und Rosen sind die Blumen Mariens, und die Walderdbeere ist ihre ganz besondere Frucht. Der Legende nach sammelt sie einmal im Jahr auf der Erde Walderdbeeren, um damit die als Kinder Verstorbenen im Himmel zu füttern. Als rote Frucht deutet die Erdbeere auch auf die Passion Christi; ihre dreiteiligen Blätter verweisen auf die Trinität; und weil die Erdbeere gleichzeitig blühen und fruchten kann, ist sie auch ein Symbol der Jungfräulichkeit Mariens. Die Rose, so will es die Legende, habe vor dem Sündenfall keine Dornen getragen, und so wird die ohne Erbsünde empfangene Maria als *Rose ohne Dornen* bezeichnet.

Geflügel auf dem Tisch

Das Fest *Christi Himmelfahrt* gehört zum Altbestand christlicher Festkultur. So wie Jesus sich vierzig Tage auf sein öffentliches Auftreten vorbereitet, erscheint er vierzig Tage nach seiner Auferstehung mit verklärtem Leib. Seine Auferstehung begründet den Himmel als Dimension des Einsseins von Gott und Mensch. Weil die Menschen einen Zusammenhang zwischen Himmelfahrt und Geistsendung sahen, wurde bis in das 4. Jahrhundert hinein Christi Himmelfahrt an Pfingsten mitgefeiert. Die Ausfaltung des Festes geschah wahrscheinlich erst nach dem Nicänum (325): Wurden die vierzig Tage theologisch ursprünglich als Zwischenzeit vor einem Neubeginn verstanden, wurden sie nun zu einem Termin vierzig Tage nach der Auferstehung. Mindestens seit 370 kann Christi Himmelfahrt als eigenes Fest am Donnerstag nach dem 5. Ostersonntag nachgewiesen werden.
Die Menschen des Mittelalters suchten die kirchliche Lehre symbolhaft zu „be-greifen." In vielen Kirchen wurde eine Plastik des auferstandenen Christus mit Hilfe einer Winde in das Gewölbe

hochgezogen, um die Himmelfahrt realistisch vorzustellen. In einigen Gegenden stürzte man aus dem Gewölbe der Kirche (= Himmel) eine Darstellung des Teufels, die dann von der Gemeinde geschlagen und zertrümmert wurde. Der Himmelssturz Lucifers ist auf dem Hintergrund von Jes 14, 12ff zu sehen. Hier ist zwar der König von Babel (= Assur) gemeint, der jedoch galt den Christen stets als Beispiel für Hoffart und als Verkörperung Satans.

Dass die Christen an Christi Himmelfahrt nur Fleisch von Geflügel (= fliegendes Fleisch) aßen, um auch beim Essen an die Himmelfahrt Christi zu denken, mögen wir heute vielleicht für naiv halten. Weder hat dieses Ritual geschadet noch hat es den Festinhalt verdunkelt.

Brennendes Werg von oben – Pfingsten

Pessach oder *Passah* bezeichnete im Judentum den Anfang der Getreideernte. Die erste Ernte (Gerste) wurde eingefahren. Die folgenden 49 Tage wurden gezählt, und deshalb erhielt dieser Zeitraum den Namen *Sefira* (= Zählung), vgl. Lev 23,5f. Der fünfzigste Tag war *Schawuot*, an dem die nächste Getreideernte (Weizen) stattfand. Der Sinn der Tage vom Auszug aus Ägypten bis zur Feier des Empfangs der Gesetze auf dem Berg Sinai lag darin, den Gläubigen zu zeigen, dass Befreiung aus Knechtschaft allein nicht viel bedeutet und dass Freiheit ohne Gesetz ein zweifelhafter Segen ist. Das Wort *Pfingsten* entsteht aus dem Griechischen. Ihm liegt *Pentecosta*, der fünfzigste (Tag), zugrunde, weil das Pfingstfest am *Fest der (Weizen-) Ernte*, fünfzig Tage nach dem österlichen Paschafest, gefeiert wurde.

Das Fest Pfingsten feiert die biblisch belegte Herabkunft des Heiligen Geistes, das Pfingstwunder. Der Heilige Geist kam, sichtbar in Feuerzungen, über die Jünger und Maria herab und ließ sie in vielen fremden Sprachen reden. Übrigens ist Pfingsten auch eine Art Erntefest, wie sein jüdischer Vorläufer: Christi Ernte findet statt, und zwar durch die Gründung der Kirche, deren Geburtstag seitdem jährlich gefeiert wird. Auch als die Christen den Ostertermin anders als die Juden festlegten, hielten sie an dem Fest fünfzig Tage nach Ostern fest. Wahrscheinlich feierte man es schon in apostolischer Zeit.

Das Pfingstbrauchtum spielt entweder das pfingstliche Geschehen nach oder hat jahreszeitliche Bezüge als Frühlingsbrauchtum. Das Mittelalter symbolisierte die Herabkunft des Heiligen Geistes durch *brennendes Werg*, mit dem die Feuerzungen des Heiligen Geistes dargestellt werden sollten. Der Feuersgefahr wegen wurde das brennende Werg zunehmend durch Blumen und Heiligenbildchen ersetzt. Andernorts ließ man eine lebende Taube in der Kirche umherfliegen oder schwang eine hölzerne Taube als Symbol des Heiligen Geistes (Heilig-Geist-Schwingen) im Kirchengewölbe.

Sinnbild falscher Sicherheit – der Pfingstochse

Das Pfingstfest, der Geburtstag der Kirche, steht in der Tradition des Sommerbeginns. Das Vertreiben des Winters geschah und geschieht symbolisch. Das traditionelle Lied dazu lautet: „Trarira, der Sommer, der ist da! Wir woll'n hinaus in'n Garten und woll'n des Sommers warten! Ja, ja, ja, der Sommer, der ist da!" Dargestellt wurde der zu vertreibende „Winter" oder „Tod" durch ein in Stroh gewickeltes Kind. Die Winteraustreiber teilten dabei Schläge mit grünen Zweigen aus, der Segen spendenden Lebensrute. Das als Sommer verkleidete Kind war in frisches Grün gekleidet.

Weil an diesem Tag das Vieh unter lautem Hallo festlich geschmückt auf die Weide oder Alm getrieben wird, ist Pfingsten auch ein Hirtenfest. Das erste (mancherorts auch das letzte) Tier hieß *Pfingstochse* oder *Pfingstkuh*. Oft wird der Pfingstochse auf den geschmückten Ochsen zurückgeführt, der auf die Pfingstweide geführt wird. Wahrscheinlicher jedoch leitet er sich von dem Tier ab, das – nachdem es feierlich durch das Dorf herumgeführt wurde – geschlachtet und dann am Spieß gebraten wurde. Die – nahezu immer negativ eingesetzte – Betitelung als *Pfingstochse* zielt auf einen, der sich zwar noch als ein „Schöner" präsentiert, aber nur, weil er noch nicht weiß, dass er bereits verloren hat.

In Frankreich war es der Fastnachtochse, der *bœuf gras*, ein herausgeputzter Mastochse, der – analog zum Pfingstochsen – an den letzten Fastnachtstagen durch die Stadt geführt wurde. In Marseille ging ein Prachtochse, mit Teppichen behangen und mit Blumen bekränzt, sogar an der Spitze der Prozession zu Fronleichnam; in Frankreich heißt die zugehörige Redensart *promener comme le bœuf gras*. Im Deutschen wird die Redensart vom Pfingstochsen auch auf den Palmesel übertragen: *aufgeputzt wie ein Palmesel.*

Die Zeit im Jahreskreis (Teil 2)

Cum pompa conveniente – Fronleichnam

Das Fest Fronleichnam, das Hochfest des Leibes und Blutes Christi, feiert die Eucharistie. Es erinnert an die Einsetzung des Altarssakramentes. Sie müsste eigentlich an Gründonnerstag gefeiert werden. Diesen Termin hielt man aber wegen der nachfolgenden Passion für unangebracht. Man legte das Fest deshalb – in eine Zeit, als der Osterfestkreis mit Pfingsten fünfzig Tage nach Ostern schloss – an das Ende der österlichen Zeit.
Der Anstoß zu diesem Fest ergab sich aus einer Vision der später heilig gesprochenen Augustinernonne Juliana von Lüttich (+ 5.4.1258). 1246 wurde das Fest eingeführt. Zum allgemeinen Kirchenfest wurde Fronleichnam am 11. August unter Papst Urban IV. (1261 – 1264), der zuvor Erzdiakon in Lüttich gewesen war. Er gab dem Tag den Namen *Fest des Leibes Christi* – (*vronlichnam* bedeutet *Herrenleib*). Weltweit angeordnet wurde Fronleichnam 1317. Die ersten nachgewiesenen Fronleichnamsfeiern fanden 1264 in Rom, Münster und Orvieto statt, 1274 in Köln, 1276 in Osnabrück. Einen besonderen Akzent erhielt Fron-

leichnam durch die Prozession, die erstmals 1279 durch Köln zog. Die Prozession, ein begrenzter Gang durch die Zeit, symbolisiert den christlichen Lebensvollzug, das Ziehen durch die Zeit. Jede Prozession verdeutlicht die Heimkehr der Kinder Gottes in das himmlische Jerusalem.

Für Martin Luther war Fronleichnam 1527 das „allerschädlichste Jahresfest". Er bemängelte die biblische Grundlegung. Und Prozessionen waren ihm gotteslästerlich. So wurde Fronleichnam mit der Reformation zu einem konfessionsscheidenden Merkmal, das vom Konzil von Trient (1545 – 1563) bestätigte wurde und nun einen demonstrativen Akzent bekam. Es wurde *cum pompa conveniente*, mit dem zugehörigen Aufwand, gefeiert. Seit dem Zweiten Vatikanischen Konzil hat Fronleichnam den Charakter einer „katholischen Demonstration" gegen Andersdenkende verloren.

Schlampertoni – der Patron der Vergesslichen

Die beiden großen Heiligen mit dem Namen Antonius wurden leicht miteinander verwechselt. Deswegen und natürlich wegen ihrer großen Popularität haben sie (Scherz-) Zusatznamen bekommen. Der Mönchsvater Antonius (17.01.) hat wegen des Dämonen, der ihn als Schwein begleiten muss, die keck-freche Etikettierung *Ferkes-Tünn* oder *Sau-Toni* erhalten. Der nach ihm benannte Antonius von Padua dagegen wird *Schlampertoni* genannt, denn er ist der Patron der *Schlamperten*, der Vergesslichen, die leicht etwas verlegen und verlieren. Fast so häufig wie die Gottesmutter Maria ist deshalb der *Schlampertoni* in den Kirchen anzutreffen – ja, er ist unverzichtbar, damit die Schusseligen nicht in ihrem selbst verschuldeten Elend verkommen.

Diese „Karriere" hat dem am 15. August 1195 aus einer adligen Familie geborenen Fernandez Martin de Bulhorn niemand an der Wiege vorausgesagt. Der als 16-jähriger Augustiner-Chorherr gewordene junge Mann trat 1220 zu den Franziskanern über und missionierte in Marokko. Seiner

genialen Rednerbegabung wegen wurde er als Prediger zu den „Ketzern" geschickt. 1227 wurde er Bußprediger, Ordensprovinzial und Lektor für Theologie. Am 13. Juni 1231 starb Antonius, körperlich völlig erschöpft. *Santo subito* hieß es auch nach seinem Tod. Bereits elf Monate später wurde er heilig gesprochen. Schon zu seinen Lebzeiten hatte die Legendenbildung begonnen.
Sein Patronat für die Vergesslichen rührt aus dieser Zeit. Überliefert wurde, ein junger Mönch habe den Psalter des Antonius ohne Erlaubnis mitgenommen. Infolgedessen wurde er von Erscheinungen heimgesucht, so dass er das Buch schleunigst zurückbrachte. In knapp eintausend Jahren hat der *Schlampertoni* nachgewiesen: Was er mit seinem Psalter konnte, klappt auch mit verlorenen Gegenständen anderer Menschen.

Das Herz als Symbol – Das Herz-Jesu-Fest

Das Herz ist in der biblischen Sprache nicht einfach ein Organ, sondern bezeichnet die personale Mitte des Menschen. Das durchbohrte Herz Jesu interpretierte die mittelalterliche Mystik als Bild für das Erlösungsleiden des Messias, seine sich verschwendende Liebe. In die Verehrung des Herzens Jesu integriert war der Sühnegedanke: Christen beteten stellvertretend für Unwürdige, Gottesleugner und Gottesfeinde.
Die Wurzeln der Herz-Jesu-Verehrung reichen zurück in das 13. und 14. Jahrhundert. Sie wurden durch die Visionen der Margaretha Maria Alacoque (+ 1690) befördert. Ihr war Christus erschienen, der auf sein Herz deutete. Das wurde als Aufforderung nach einem Fest verstanden, das der Herz-Jesu-Verehrung gelten sollte. Es wurde eingeführt am Freitag nach der Fronleichnamsoktav, dem dritten Freitag nach Pfingsten. Im 18. Jahrhundert war das Fest in Frankreich, Deutschland und Italien verbreitet. Heute ist es ein Hochfest mit dem Namen *Heiligstes Herz Jesu.* Zusätzlich wird jeder erste Freitag eines jeden Monats als

Herz-Jesu-Tag begangen. Der Gottesdienst ist eine Votivmesse für den Priester- und Ordensnachwuchs.

Das Herz-Jesu-Fest ist heute unpopulär. *Herz* reimt sich für die Allgemeinheit im Schlager auf *Schmerz* und steht für Liebelei. Im realen Leben ist das Herz als Organ Objekt bei Herzinfarkt und Herztransplantation. Das Herz ist entmythologisiert und macht die Vermittlung des Festinhalts beim Herz-Jesu-Fest nicht gerade leicht. Nicht ohne Einfluss sind die zahlreichen historischen Herz-Jesu-Darstellungen, vielfach süßlich-kitschige Plastiken, bei denen ein vorwurfsvoll blickender Jesus auf sein überdimensionales blutrotes Herz in seiner weit aufgerissenen Brust weist. Ernst zu nehmende zeitgenössische Darstellungen zu dieser Thematik gibt es natürlich nicht mehr.

Vom Sunnawenhanselfreudfeuer – Die Sommersonnenwende

Der kirchliche Festkalender hat das Fest der Geburt Johannes' des Täufers mit Absicht auf den 24. Juni gelegt. Ziemlich exakt sechs Monate vor der Geburt Jesu (25.12.) wird die Geburt des Johannes angesetzt (24. 06.). Dies ist konsequent, weil berichtet wird, Elisabet, die Base der Jungfrau Maria, sei im sechsten Monat schwanger gewesen, als der Engel Gabriel der Jungfrau Maria verkündete, sie werde von Gott ein Kind empfangen. Dieses Hochfest *Verkündigung des Herrn* wird am 25. März gefeiert. – Der 25. März ist der Angelpunkt: Der an diesem Tag sechs Monate alte Fötus Johannes wird drei Monate später, am 24. Juni, geboren, der am 25. März gezeugte Jesus neun Monate später, am 25. Dezember.

Die in das Naturjahr integrierten Festanlässe scheinen durch die Natur bestätigt zu werden. „Durch die barmherzige Liebe unseres Gottes wird uns besuchen das aufstrahlende Licht aus der Höhe, um allen zu leuchten, die in Finsternis sitzen und im Schatten des Todes" (Lk 1,78f). Und später soll Johannes gesagt haben: „Er (Jesus Christus) muss wachsen, ich aber muss abnehmen" (Joh 3,30). Dem entsprechen die beiden Gedenktage: Am 24. Juni (Sommersonnenwende) gibt es die kürzeste Nacht und den längsten Tag im Jahreslauf. Der Scheitelpunkt dieser „Negativentwicklung" wird am 25. Dezember erreicht. In dieser Nacht (Wintersonnenwende) wird der Messias geboren; von da an werden die Tage länger und die Nächte kürzer: „Das aufstrahlende Licht aus der Höhe" erlöst alle, die „im Schatten des Todes" leben.

Die Sommersonnenwende wird im Brauchtum durch „Lichtverstärkung" gefeiert. Wenn das Sonnenlicht schwächer wird, entzündet man Feuer, um das Licht zu „verstärken." Die Sonnwendfeuer nannte man auch *Rotfeuer* oder *Sunnawenhansl-Frohfeuer* (Steiermark). Der Johannistag wurde zur *Sommerweihnacht*.

Von Jesu Oma und Opa – Joachim und Anna

Am 26. Juli gedenkt die Kirche der heiligen Anna (hebr. *Erbarmung, Gnade*) und ihres Ehemannes Joachim (hebr. *Gott richtet auf*). Sie gelten als die Eltern von Maria, der Mutter Jesu.

Das Neue Testament erwähnt sie mit keinem Wort. Sie kommen erst in das Bewusstsein der Kirche, als die Rolle der Maria als *Gottesgebärerin* (griech. *Theotokos*) auf dem Konzil von Ephesus (431) definiert wurde. Weil Maria damit zur Voraussetzung der Erlösung durch Jesus Christus wurde, war ihr Leben interessant. Das Protoevangelium des Jakobus (2. Hälfte des 2. Jh.) berichtet über sie und ihr Leben. Marienlegenden des 5. und 6. Jahrhunderts verbreiten das Wissen um Jesu Oma und Opa mütterlicherseits.

Das Spätmittelalter und besonders die Orden der Karmeliten und Kapuziner fördern die Verehrung von Anna und Joachim. Sie werden in Kunstwerken dargestellt, die Szenen des Marienlebens (z. B. *Darstellung Mariens, Mariä Geburt*) oder *die heilige Sippe* oder *Annaselbdritt* (Anna, Maria und das Jesuskind) zeigen.

Das Haupt der hl. Anna wurde im Mittelalter in der Stephanskirche in Mainz aufbewahrt und kam 1501 nach Düren. Nach jahrelangem Rechtsstreit entschied Papst Julian II. 1506, dass das Reliquiar in Düren bleibe. Am Gedenktag der heiligen Anna fand jedes Jahr eine Wallfahrt mit vielen Pilgern statt. Zur Anna-Oktav in der Kirche gehört die Annakirmes. *Annawasser* half gegen Fieber, Kopf-, Brust- und Bauchweh. Da dies z.T. auch Symptome der Pest waren, wurde Sankt Anna auch zur Pestheiligen. Ansonsten gilt Anna als Patronin für glückliche Heirat und Ehe. Sie wird angerufen um Kindersegen und glückliche Geburt.

Joachim wird als alter Mann dargestellt, mit Buch oder Schriftrolle und Tauben. Joachim ist Patron der Eheleute, Schreiner, Leinenhändler.

Wettersegen und Hagelkreuz

Der Gedenktag der beiden Märtyrerbrüder Johannes und Paulus – vor der Kalenderreform am 26. Juni – galt als Tag der „Wetterherren." Maßgeblich dafür waren nicht die beiden 362 in Rom hingerichteten Märtyrer. An ihrem Festtag fanden die Hagelprozessionen und Schauerfeiern statt. Das waren Flurumgänge, die die Kirche im Laufe der Zeit mit Fronleichnam verschmolzen hat, weil sie – oft sogar unter Ausschluss des Pfarrers – zu wilden Aktionen mit reichlich Alkoholzufuhr verkamen, was dem eigentlichen Anlass Hohn sprach. In Verbindung mit diesen Umgängen stehen die Hagelkreuze, die es in vielen Gegenden noch gibt oder die als Straßen- oder Flurnamen erhalten sind. Hagelkreuze wurden im Feld aufgestellt, wobei der Korpus gegen das Wetter gerichtet war. Die Kreuze wurden zumeist geweißt. Das Volksbewusstsein ging davon aus, dass die weiß gewandeten Wetterdämonen alles Weiße für Ihresgleichen hielten (so auch bei Halloween). Sie stolperten so über das Hagelkreuz und mussten verschwinden. Unter dem Hagelkreuz wurden in manchen Gegenden die von den reichen Bauern gestifteten Lebensmittel an die Armen verteilt, die ihrerseits für eine gute Ernte beten mussten. Hinter diesem Brauch verborgen ist die Annahme, dass die Gebete der Armen eher zu Gott vordringen als die Erwartungen von Großgrundbesitzern.

Mit Pfingsten war ursprünglich der *Große Wettersegen* verbunden. Das ist ein Gebet, mit dem Priester und Gemeinde um eine gute Ernte baten. In späterer Zeit konnte der Große Wettersegen vom *Fest der Kreuzauffindung* (3. Mai) bis zum *Fest der Kreuzerhöhung* (14. September) am Schluss jeder Messe gesprochen werden.

Wer heute über die Vorstellungen unserer Ahnen lächelt, verkennt deren und unsere Abhängigkeit von der Natur. Mögen heute andere Bedingungen als vor Jahrhunderten gelten, zeigen die aktuellen Wetterkapriolen und ihre Folgen, dass nicht wir die Herren über das Wetter sind.

Santa Maria Maggiore – Mutter aller Marienkirchen

Die Legende erzählt, dass der Bauplatz für diese römische Kirche durch Schneefall im Sommer angezeigt wurde. Die Kirchweihe dieser nach dem Konzil von Ephesus (432) von Papst Sixtus III. (432–440) erbauten Kirche erfolgte an einem 5. August. Seit 1568 wird die Kirchweihe von *Santa Maria Maggiore* oder *Maria Schnee* von der gesamten Kirche alljährlich gefeiert. Die *Mutter aller Marienkirchen* entstand durch die auf dem Konzil vorgenommene Definition Marias als *Gottesmutter* und *Gottesgebärerin*. Sie war aber nicht nur die Frau, die den Gottmenschen empfing, gebar und erzog, sondern zugleich auch die erste Christin. Wie sie glaubte, können wir glauben. Sie wird seit jeher von den Menschen als Mutter aller Christen verstanden und in ihrer Mütterlichkeit als Fürbitterin angerufen.

Papst Sixtus hatte für seinen Kirchbau die Vorgängerkirche *S. Liberiana* abreißen lassen, die Papst Liberius (352–366) an gleicher Stelle errichtet hatte. Sie war nicht nur der Ort der ersten beweisbaren

Weihnachtspredigt am 25. 12. 354. Hier wurden und werden auch die Holzteile aufbewahrt, die über Jahrhunderte als Krippe Jesu galten. Die Kaiserin Helena, Mutter Kaiser Konstantins, hatte sie aus dem Heiligen Land dort hin gebracht. Auch wenn man heute weiß, dass diese Holzteile nicht wirklich die Bestandteile der Krippe Jesu bildeten, werden sie nach wie vor in einer vergoldeten Schatulle aufbewahrt.

Auf dem Bogen, der den Längsraum der Kirche von der Apsis trennt, wird die *Adoration* dargestellt, die Anbetung der Heiligen Drei Könige. Die Kirchenbesucher finden hier ihre ersten Vorgänger, Nichtjuden, die zur Anbetung des neugeborenen Gottessohnes gekommen waren. Viele Elemente, die sich Jahrhunderte später im Weihnachtsfest entfalten, sind in dieser ehrwürdigen Kirche bereits vorhanden.

Großer Frauentag oder Büschelfrauentag – Mariae Himmelfahrt

Schon vor dem Konzil von Chalcedon im Jahr 451 war in der Ostkirche die Feier der leiblichen Aufnahme Mariens in den Himmel, das Fest *Mariä Himmelfahrt*, in Gebrauch. Mindestens seit dem 7. Jahrhundert hatte die Westkirche dieses Fest am 15. August übernommen. Es wird heute als Hochfest Mariä Aufnahme in den Himmel gefeiert und hat durch die am 1. November 1950 durch Papst Pius XII. erfolgte Dogmatisierung der Aufnahme Mariens mit Leib und Seele in den Himmel einen starken Akzent erhalten.

Mariä Himmelfahrt, auch *Großer Frauentag*, *Maria Würzweih, Büschelfrauentag* genannt, ist nach wie vor mit einer Kräuterweihe verbunden. Warum gerade dieses Fest mit Kräutern in Verbindung steht, lässt sich nur spekulativ beantworten. Wohl kaum dürften die Marienlegenden ursächlich sein: Die *Legenda aurea* berichtet, auf Weisung eines Engels sei dem Leichnam der Maria eine Palme vorangetragen worden. Christus selbst habe sich drei Tage nach dem Tod seiner Mutter auf der Erde eingefunden, um den Leichnam seiner Mutter auf dem Weg in den Himmel zu begleiten. Dabei habe der Leichnam einen unaussprechlich guten Duft verbreitet. Eine jüngere Legende berichtet, das Grab Mariens habe duftende Rosen enthalten, als man es öffnete. Es ist zu vermuten, dass die zu dieser Jahreszeit anzutreffende Getreidereife und Hochblüte der Natur in Erinnerung brachten, dass Maria als „Blume des Feldes und Lilie in den Tälern" (Hoheslied 2,1) bezeichnet und seit dem 5. Jahrhundert als „guter und heiliger Acker" verehrt wurde, der eine göttliche Ernte erbracht hatte.

Die Symbolhandlung, mit Hilfe Gottes die Kräfte der Natur zu Gunsten von Mensch und Tier einzusetzen, lohnt, neu überdacht zu werden: Der Zusammenhang zwischen Heil und Heilung kann daran erfahren werden.

Maria Königin

Einzelne Orden und Diözesen feierten im 19. Jahrhundert bereits zu verschiedenen Terminen Maria-Königin-Feste. Papst Pius XII. führte am 1. November 1954 zum Abschluss des Marianischen Jahres anlässlich der Hundertjahrfeier der feierlichen Verkündigung des Glaubenssatzes von der Unbefleckten Empfängnis Mariens durch Pius IX. im Jahre 1854 das Fest Maria Königin weltweit ein. Das geschah durch die Krönung des Gnadenbildes in der Basilika *Maria Maggiore*, der größten Marienkirche Roms. Das von Pius XII. auf den 31. Mai gelegte Fest *Maria Königin* wurde 1969 durch den neuen Generalkalender nach dem Zweiten Vatikanischen Konzil auf den ehemaligen Oktavtag von Mariä Himmelfahrt, den 22. August, verlegt. Die Kalenderreformer hofften, dass „... damit die Verbindung zwischen der königlichen Würde Mariens und ihrer Aufnahme in den Himmel deutlicher wird“. Das Königtum Mariens sollte als die Vollendung ihrer glorreichen Aufnahme in den Himmel gedeutet werden. Der auferstandene und erhöhte Christus, selbst vom Vater gekrönt, setzt seiner Mutter die Krone der Vollendung auf. Das uralte Motiv der Marienkrönung hat in der abendländischen Kunst eine lange Tradition. Ein Bild aus dem 2. Jahrhundert in den Priscilla-Katakomben Roms stellt Maria in der Kleidung der damaligen Kaiserinnen dar. Bereits die Kirchenväter gebrauchten Titel wie *heilige Königin* oder *glückselige Königin.* Im Rosenkranzgebet wird die Krönung Mariens als letztes der glorreichen Geheimnisse meditiert.

Die zu königlicher Würde aufgestiegene demütige Magd, die sich durch uneingeschränktes Vertrauen Gottes Wort unterstellt hat, wurde zur ersten Bürgerin des himmlischen Reiches und erlangte so die Königswürde der Gotteskindschaft – stellvertretend für alle, die ihr „Ja" nachzuleben versuchen.

Wie Zachäus zur Kirmes kommt – Das Kirchweihfest

Vor der Liturgiereform berichtete das Evangelium zum Kirchweihfest von der Einkehr Jesu in das Haus des Zöllners Zachäus (Lk 19, 1–10). Natürlich behandelte der Pfarrer in seiner Predigt jeweils Zachäus. Dieser Zachäus, im Rheinland auch *Peijass*, der entsprechend der Liturgie nun bei jeder Kirchweih und Kirmes auftauchte, wurde sprichwörtlich. Wickrams *Rollwagenbüchlein* von 1555 erklärt den Zusammenhang: „... wenig aber wirt daß leiden Christi bedacht. Also predigt man vom Zacheo auff allen Kirchweihen, niemandt aber volget jm inn den Wercken nach." Zachäus stand für die Kirchweih, symbolisierte sie, und deshalb heißt es: „Der ist auf allen Kirchweihen wie Zachäus" oder „Wie Zachäus auf allen Kirchweihen sein," d.h. er ist immer da anzutreffen, wo es gut zu essen und zu trinken gibt und wo es fröhlich zugeht. In einigen Gegenden hieß die zur Kirmes in einem Baum gehisste Fahne *Zachäus*, denn dieser war ja auf einen Baum gestiegen, um Jesus zu sehen. Anderswo nahm Zachäus als Strohmann Gestalt an. Er wurde feierlich eingeholt, während der Feierlichkeiten mitgeführt, nahm beim Fest den Ehrenplatz ein und zum Schluss feierlich zu Grabe getragen – aber nicht ohne Strafgericht. Er muss für alle Schandtaten, echte und erfundene, geradestehen. Und dann wird er hingerichtet durch Ertränken, Erhängen, Köpfen, Verbrennen ... oder alles nacheinander. Zachäus ist Kirmessymbol und Sündenbock zugleich.

Wo der Brauch des *Zachäus* nicht bekannt war, musste für den Kirmesschlussbrauch ein Bild des Kirchenpatrons oder einfach ein Pferdeschädel herhalten. Mit lautstark geheuchelter Trauer wurde der Gegenstand vergraben – um im nächsten Jahr mit überbordendem Hallo wieder ausgegraben zu werden.

Das Brauchtum um Zachäus ist ein guter Beleg für die enge Verknüpfung von Liturgie und (weltlichen) Bräuchen.

Empfängnis und Geburt Mariens

Das Fest der Geburt Christi am 25. Dezember ist der Auslöser des Festes Verkündigung des Herrn (früher: Verkündigung der Gottesmutter, Fest Mariä Verkündigung) am 25. März. An diesem Tag, neun Monate vor seiner Geburt, erinnert die Liturgie an die Botschaft des Engels an Maria und deren Antwort: „Ich bin die Magd des Herrn; mir geschehe, wie du es gesagt hast." Das von der Westkirche im 7. Jahrhundert übernommene Fest lässt sich in der Ostkirche bereits im 6. Jahrhundert nachweisen.

Heute wird das Fest nicht mehr als Marien-, sondern als Herrenfest gerechnet. Passend zum Festtag wurde früher am Vortag, dem 24. März, des Verkünders und Engels Gabriel gedacht (verlegt auf den 29. September). Da Christus als Sonne und aufgehendes Licht gedeutet wurde, galt Maria Verkündigung, wenn die Geburt Christi verheißen wird, als Tag der Wiedergeburt des Lichtes, was die Natur in ihrem Jahreslauf eindrucksvoll bestätigte. Noch einmal werden Frühlingsbräuche wie z. B. das Vertreiben des Winters ausgeübt. Zeitweise und in bestimmten Gegenden galt der Tag als eigentlicher Frühlingsanfang. Die zum Frühjahr aus dem Süden heimkehrende Schwalbe gilt als das der heiligen Maria und Gottesmutter gewidmete Tier. Mariä Verkündigung kommen und Mariä Geburt fliegen die Schwalben fort („Mariä Geburt fliegen die Schwalben furt").

Aus dem Weihefest der Kirche der Gottesmutter „wo sie geboren ist", entwickelte sich Ende des 5. Jahrhunderts das Fest Mariä Geburt am 8. September. In der Ost- und der Westkirche feierte man diesen Tag, der auch *Kleiner Frauentag* genannt wurde, schon im 7. Jahrhundert. Der heute Fest *Mariä Geburt* genannte Tag (früher *Fest der Geburt Mariens*) am 8. September bestimmte auch den Termin des jüngeren Festes: des *Festes der Empfängnis Mariens* neun Monate zuvor: den 8. Dezember.

Mariä Namen

Ein Fest vom Namen Marias bestand schon 1513 im spanischen Bistum Cuenca. Als bei der Belagerung Wiens am 12. September 1683 die Türken vernichtend geschlagen wurden, richtete Innozenz XI. (1676–1689) 1683 das Fest *Mariä Namen* am 12. September für die Weltkirche als Dankfest für die Befreiung Wiens ein. Der neue römische Generalkalender hat das Fest gestrichen, weil sein Inhalt bereits im Fest Mariä Geburt enthalten ist. „Wegen des historischen Bezuges zum Sprachgebiet und der Verwurzelung im Volk“ (so der Text im Messbuch) blieb es aber im deutschen Regionalkalender erhalten.

Zwar hat der Tag kein Brauchtum ausgebildet, lenkt aber die Aufmerksamkeit auf den Vornamen *Maria*. Er ist die griechische und lateinische Form des hebräischen Namens *Mirjam*, als *Geliebte* zu deuten. Die Mutter Jesu war im 4. und 5. Jahrhundert, als in der Kirche um das wahre Wesen Jesu Christi gestritten wurde, zur *Gottesgebärerin* (griech. *Theotokos*) geworden. Das Konzil von Nicaea 325 hatte nämlich in seinem Glaubensbekenntnis (lat.

Symbolum Nicaenum) die Göttlichkeit Jesu definiert.

Die Gottesmutterschaft und ihre Rolle als „erste Christin“ hat Maria unvergleichbar gemacht. Die *Mutter Gottes* ist auch *Unsere Liebe Frau*, französisch *Notre Dame*, englisch *Our Lady*, italienisch *Madonna*, griechisch *Panhagia*. Die zahlreichen *Liebfrauenkirchen* gehen auf sie zurück, ebenso viele Orts-, Inselnamen, Bezeichnungen für Weinlagen und Tiere und Pflanzen. Bis in die Gegenwart ist Maria in allen Namensvarianten der beliebteste Mädchenname.

Der Koran erwähnt Maria (arabisch *Marjam*) mehrfach. Die dritte Sure betont Marias Zugehörigkeit zu Moses, beschreibt ihre göttliche Erwählung (Sure 3,42ff.) und stellt sie in die Reihe der von Allah auserwählten Menschen (Sure 21,91). Sie ist Beispiel für die Gläubigen (Sure 66,12).

Von den sieben Schmerzen und sieben Freuden Mariens

Ein *Fest der Sieben Schmerzen Mariens* zu feiern, wird 1423 auf einer Kölner Synode empfohlen. 1667 wurde es den Serviten erlaubt, dieses Fest zu feiern, ehe es 1688 der heilige Papst Innozenz XI. (1676–1689) offiziell einführte und Benedikt XIII. (1724–1730) weltweit vorschrieb. Verbreitung fand dieses Fest vor allem als Bittgottesdienst für den von Napoleon 1809 gefangen genommenen Papst Pius VII. Es wird gefeiert am Freitag nach dem ersten Passionssonntag. Es memoriert 1. Die Weissagung Simeons, 2. die Flucht nach Ägypten, 3. die Entfremdung Jesu von seiner Mutter, 4. das Leid Jesu, 5. den Tod Jesu, 6. seine Abnahme vom Kreuz und 7. seine Grablegung.

Am 15. September hat sich parallel ein *Fest der Sieben Schmerzen der allerseligsten Jungfrau Maria* entwickelt. Es war 1814 von Paul VII. als Dankfest für seine Rückkehr aus der Gefangenschaft unter Napoleon eingesetzt worden. Dieser Gedenktag hat allmählich das Fest am Freitag nach dem Passionssonntag abgelöst. Nach der Kalenderreform gibt es

nur noch den 15. September als gebotenen Gedenktag, der unter dem Titel *Gedächtnis der Schmerzen Mariens* aufgeführt wird.
Der Tag folgt auf das Fest *Kreuzerhöhung* (14. September) und steht zu ihm in Beziehung. An Kreuzerhöhung wird das Hinrichtungswerkzeug Jesu als Siegeszeichen verehrt – am Tag darauf wird das Mitleiden Marias als Mitwirkung an seiner Erlösung und als Vorbild für alle Glaubenden gewürdigt.
Im Mittelalter tauchte der Gedanke von den *Freuden Mariens* in den Hymnen auf; ein Beleg findet sich auch bei Caesarius von Heisterbach. Es bildeten sich – parallel zu den Sieben Schmerzen Mariens – *Sieben Freuden* aus: 1. Verkündigung, 2. Heimsuchung, 3. Geburt Christi, 4. Anbetung der Könige, 5. Begegnung mit Simeon, 6. Wiederauffinden Jesu im Tempel, 7. Krönung Mariens. Bildliche Darstellungen beschränken sich auf das 15. bis 17. Jahrhundert. Ein eigenes Fest haben die Sieben Freuden nicht gebildet.

Wovon wir leben – Erntedank

In jeder Eucharistiefeier danken katholische Christen für „die Frucht der Erde und der menschlichen Arbeit". Was die Natur hervorbringt, wird als Gottesgeschenk betrachtet. Einmal im Jahr bietet dies Anlass zu einem Erntedankfest. Wenn sich der Mensch als Teil einer göttlichen Schöpfung begreift, muss er auch andere Teile der Schöpfung, unter anderem seine Nahrung, auf Gott zurückführen. Dies verpflichtet zu Dank, zumal dann, wenn der Mensch sich als abhängig vom Naturkreislauf versteht.

Die Schöpfungsgeschichte erzählt, dass Abel und Kain Früchte des Feldes und den Erstling der Herde Gott zum Opfer brachten. Weil in der jüdischen Tradition auch alle menschlichen Erstgeborenen Gott gehören, wurde auch Jesus im Tempel als Erstgeborener Gott symbolisch dargebracht und dann „ausgelöst".

Im Christentum ist das Erntedankfest seit dem 3. Jahrhundert belegt. Einen einheitlichen Festtermin gibt es aber nicht, denn der Festzeitpunkt fällt je nach Klimazone unterschiedlich. Die Bischofskonferenz hat für Deutschland 1972 den ersten Sonntag im Oktober festgelegt, die Gemeinden aber nicht verpflichtet, dieses Fest auch zu feiern. Die kirchliche Erntedankfeier wird in den Gottesdienst integriert. Erntegaben schmücken den Altar oder werden im Gottesdienst zum Altar gebracht. Diese Eucharistiefeier wird in zahlreichen Gemeinden solidarisch dadurch gefeiert, dass zu Gunsten hungernder Menschen gesammelt wird. Auch bei diesem Brauchtum gibt es in Deutschland ein Nord-Süd-Gefälle. Das außerkirchliche Erntedankbrauchtum ist, wo es nicht wegen der Folklore (z.B. Almabtrieb) oder aus touristischen Gründen gefördert wird, stark zurückgegangen. Gründe dafür sind die Mechanisierung und die Industrialisierung der Landwirtschaft, die den Gedanken der „Machbarkeit" von Ernte unterstützen.

Michael, Gabriel und Rafael – Erzengel

Das lateinische Wort *angelus* entspricht dem deutschen Wort *Engel*. Es bezeichnet einen Boten Gottes. In der Bibel werden Männer, die sich als Boten Gottes beweisen (Gen 18), als leuchtende Erscheinung (Lk 2,9) beschrieben. Die Erzengel Gabriel, Michael und Rafael werden als einzige Engel mit Namen benannt. Der vierte Engel ist ein „gefallener Engel", dessen Name einmal *Lucifer* (= Lichtträger) lautete. Markant tragen alle Erzengel die Silbe *El* in ihrem Namen, die *Gott* bedeutet, und damit Gott als ihren Auftraggeber ausweist.
Vor allem in den letzten Jahrzehnten scheinen Engel wieder populär geworden zu sein, betrachtet man die große Zahl der unter Verwendung dieses Begriffs erschienenen Bücher oder sogar demoskopische Befragungen. Nach einer Forsa-Umfrage von 1995 glaubt jeder zweite Deutsche an einen persönlichen Schutzengel. 55 Prozent aller Deutschen halten Engel für ein religiöses Symbol, 35 Prozent glauben an ihre reale Existenz. In der Kunst sind die Engel schon lange zu pausbäckigen Flügelköpfchen degeneriert.

In der christlichen Kunst werden Engel seit dem 4. Jahrhundert fast immer mit Flügeln dargestellt. So sollen sie von Menschen unterschieden und als Geistwesen erkennbar sein. Sie leben auf Gott hin ausgerichtet in der Transzendenz, sie dienen ihm und beten ihn ohne Unterlass an. Sie können Hilfs- und Schutzfunktion (Schutzengel) für die Menschen haben. In der Literatur, aber vor allem in der Kunst, kann die Präsenz von Engeln das hinter ihnen stehende Wort Gottes anschaubar machen, d.h. die menschlichen Augen sichtbaren Engel symbolisieren das Unsichtbare. Was physisch erkennbar wird, ist Zeuge für das unsichtbar Transzendente.

Der Erzengel Michael wurde in Deutschland früher so verehrt, dass man die Deutschen als *(deutscher) Michel* etikettierte.

Vom Wesen des Rosenkranzes

In allen Religionen sind Schnüren mit Knoten, Perlen etc. bekannt, die zum Abzählen von Gebeten benutzt werden. Der Beruf der *Paternoster-Macher*, den es seit dem 12./13. Jahrhundert in Deutschland gibt, zeigt auch das Alter dieser Gebetsschnüre im Christentum an. Der Rosenkranz, eine seit dem Mittelalter weit verbreitete Gebetsform für Einzelne und Gruppen, entstand aus alten Mariengebeten. In ihm verbinden sich in das *Ave-Maria* eingebundene Betrachtungen von Glaubensgeheimnissen (*Gesätze*) mit dem *Vaterunser* und dem *Ehre-sei-dem-Vater*. Diese Kombination wurde im 16. Jahrhundert von dem Kölner Dominikanerprior Jakob Sprenger erdacht. Er gründete auch 1475 in Köln die weltweit erste Rosenkranzbruderschaft. 1478 empfahl Papst Sixtus IV. (1471 bis 1484) den Rosenkranz allen Christen. Die 15 *Glaubensgeheimnisse* (*freudenreicher, schmerzhafter und glorreicher Rosenkranz*) sind bis heute im Wesentlichen erhalten geblieben. Johannes Paul II. hat die drei traditionellen Gesätze um den *lichtvollen* Rosenkranz ergänzt.

Die *Seeschlacht von Lepanto* am 7. Oktober 1571 und der mit ihr verbundene Sieg über die Türken wurde dem Rosenkranz zugeschrieben. Das *Rosenkranzfest* entstand. 1573 gestattete Papst Gregor XIII. (1572–1585) allen mit einem eigenen Rosenkranzaltar ausgestatteten Kirchen ein Rosenkranzfest am 1. Sonntag im Oktober. Nach dem erneuten Sieg über die Türken 1716 in Peterwardein dehnte Papst Clemens XI. (1700–1721) das Fest auf die ganze Kirche aus. Papst Leo XIII. (1878–1903) schrieb das tägliche Rosenkranzgebet für den Oktober jeden Jahres vor. Das auf sein ursprüngliches Datum, den 7. Oktober, zurückgelegte Rosenkranzfest ist heute ein gebotener Gedenktag.

Vergoldete Tage

Wenn wir heute von einem *goldenen Herbst* sprechen, drücken wir dadurch aus, dass die Strahlen der untergehenden Herbstsonne einen Goldschimmer auf die Natur legen oder ein langes Menschenleben auch im Alter noch seine guten Seiten hat. *Golden* war für unsere Vorfahren keine äußerliche und sichtbare Dimension, sondern eine innere und unsichtbare. Sie sprachen von *Goldenen Samstagen*, weil diese ihren Namen von den *Goldenen Messen* hatten, die ab dem 14. Jahrhundert an Samstagen zu Ehren Marias als Sühne für die Vergehen des Jahres gefeiert wurden. *Golden* hießen die Gottesdienste und Tage wegen der vorzüglichen Wirkung, die ihnen zugeschrieben wurde. In den vergangenen Jahrzehnten wurden die drei Goldenen Samstage noch gelegentlich im Alpenländlichen gefeiert. Einer – allerdings späteren – Legende nach, soll Ferdinand III. (1636–1657) die Feiern eingeführt haben.

Goldene Sonntage oder *Goldsonntage* hießen im Volksmund auch die auf die Quatember folgenden Sonntage, besonders der *Dreifaltigkeits-* und *erste*

Adventsonntag. Als magische Tage wurden sie im Volksglauben betrachtet: Die an diesen Tagen gesammelten Kräuter waren angeblich heilkräftig, die an diesem Tag geborenen Kinder, *Goldsonntagskinder*, waren vermeintlich hellsichtig, zugleich aber auch kurzlebig. Der *Dreifaltigkeitssonntag* hieß in manchen Gegenden auch *Güldensonntag* oder *Goldener Sonntag*, denn an diesem Tag oder in dieser Nacht sollte die goldene Wunderblume mit magischer Kraft erblühen. Mit ihr konnte man verwunschene Jungfrauen erlösen, Berge öffnen, um verborgene Schätze an sich zu nehmen.

Vergoldete Nüsse schmückten den Christbaum, weil sie „paradiesische" Funktion hatten. Sie symbolisierten die Früchte des Baumes oder gaben einfach die Erkenntnis wieder: Gott hat uns die Nüsse geschenkt – aber knacken müssen wir sie selber!

Vom Ursula-Schiffchen

Ausgangspunkt des *Festes der heiligen Märtyrerin und Jungfrau Ursula* und ihrer Gefährtinnen am 21. Oktober ist die bis in die Spätantike zurückreichende Kölner Kirche *Sankt Ursula* (von 922 bis 1802 Kanonissenstift). In ihr werden die Gebeine von unzähligen *jungfräulichen Martyrerinnen* aufbewahrt. Auslöser des Ursula-Kultes scheint eine dreizehnzeilige steinerne Inschrift zu sein. Auf ihr wird mitgeteilt, ein dem Senatorenstand angehörender Clematius habe am Ort des Martyriums heiliger Jungfrauen eine Kirche wiederhergestellt. St. Ursula wurde auf einem römischen Gräberfeld nördlich des römischen Kölner Stadttores erbaut.

Die Ursula-Legende kam im 10. bis 12. Jahrhundert auf. Nach ihr ist Ursula eine britannische Königstochter gewesen. Nach der Rückkehr von einer Romwallfahrt wurde sie mit ihren Gefährtinnen vor den Toren Kölns von Hunnen erschlagen, die die Stadt belagerten. Die Explosion der Anzahl der Gefährtinnen von ursprünglich einmal elf auf elftausend erklärt man sich mit einem Lesefehler im Mittelalter, der durch die zahlreichen

„Reliquienfunde“ im Umfeld von Sankt Ursula aber seine Bestätigung fand. 1.800 Kopfreliquien in Sankt Ursula, 1.000 weitere im (ehemaligen) Zisterzienserkloster Altenberg und rund 4.000 Reliquienübertragungen innerhalb Europas machten Köln zum ergiebigsten Reliquienfundort nördlich der Alpen.

Im 13. bis 15. Jahrhundert entstanden die so genannten *Ursula-Schifflein*, ursulanische Bruderschaften; mit dem Schiff der heiligen Ursula verband sich die Idee des Lebens als irdische Pilgerfahrt und der Fracht frommer Werke. Die Mitglieder der Bruderschaft erhofften sich unter dem Schutz der heiligen Ursula durch die fromme Schiffsfracht der bei der Aufnahme „als Fahrpreis eingezahlten“ oder versprochenen Messen, gute Werke und Gebete, sicher in den Hafen der ewigen Seligkeit anlanden zu können.

Der Herrentag aller Heiligen

Die Ursprünge des Festes Allerheiligen – Frankreich *Toussaint(s)* und in Irland *all hallows evening*, verkürzt zu *halloween* – gehen bis in die Antike zurück. Johannes Chrysostomos berichtet aus Antiochien im 4. Jahrhundert von diesem Fest unter dem Namen *Herrentag aller Heiligen*, das am Sonntag nach Pfingsten gefeiert wurde. Nach der Auferstehung Christi feierte man den Nachvollzug der Auferstehung durch die Heiligen. Das Gedächtnis galt und gilt aller Heiligen, auch derer, um deren Heiligkeit nur Gott weiß. Dieses Fest (lat.) *Omnium Sanctorum* – in Deutschland auch *Godeshilligendach* oder *Aller sintertag* genannt, und dieser Termin haben sich in der Ostkirche bis heute erhalten. In der lateinischen Kirche zunächst auch. Im 8. Jahrhundert hieß der erste Sonntag nach Pfingsten *Dominica in Natali Sanctorum*. In Rom war zu diesem Zeitpunkt das Fest schon verlegt worden. Papst Bonifaz IV. hatte um 610 das Fest auf den Freitag nach Ostern verlegt und Papst Gregor III. mehr als einhundert Jahre später dann auf den 1. November. Von Rom aus verbreitete sich die Neuordnung

über Gallien nach Irland. Die irischen Missionare brachten Brauch und Termin im 8./9. Jahrhundert nach Deutschland. Papst Gregor IV. schließlich legte 835 Allerheiligen für die gesamte (lateinische) Kirche auf den 1. November fest. Als der Zusammenhang des Festes mit Ostern verblasst war, hatte man mit dem 1. November den Winterbeginn als einen neuen Zeitabschnitt gewählt.
Dieses Hochfest der römisch-katholischen Kirche wird von den lutherischen Kirchen und auch von anderen protestantischen Kirchen gefeiert. In überwiegend katholischen Bundesländern ist der Tag ein gesetzlicher Feiertag.
Weil mit dem Sonnenuntergang an Allerheiligen der nächste Festtag, Allerseelen, beginnt, floss am späten Nachmittag von Allerheiligen Brauchtum von Allerseelen ein. Schmücken der Gräber, Aufstellen eines *ewigen Lichtes* auf dem Grab. Ursprünglich irisches Brauchtum ist über Amerika zu uns gekommen: Halloween genannt. Es ist im Wesentlichen bei uns Accessoir für Partys Jugendlicher.
Zu Allerheiligen gehört als ein aus Hefeteig geflochtener Zopf. Im Süddeutschen hat sich dieser Brauch erhalten. Er wird vor allem als *(Allerheiligen-)Strietzl* von den Paten an die Patenkinder verschenkt.

Fest aller Toten

Noch Papst Johannes XIII. hat von Ostern als dem *Fest aller Toten* gesprochen. Im Altertum war das Totengedenken in den Osterfestkreis integriert oder folgte ihm auf dem Fuße, z.B. Pfingstmontag oder am Montag nach dem Dreifaltigkeitssonntag. Jährliche Gedenktage für alle Verstorbenen (ein Sammelfest) bestehen in der Westkirche seit dem frühen Mittelalter. Als der Zusammenhang zwischen Totengedenken und Auferstehung verblasste, wanderte der Gedenktag auf den Novemberanfang. Die Reformbenediktiner von Cluny beförderten diese Entwicklung und betrieben die Verlegung von Allerseelen auf den 2. November, den Tag nach Allerheiligen. Der erst bei den Dominikanern, dann bei den Priestern im spanischen Einflussbereich verbreitete Brauch, an diesem Tag dreimal Eucharistie zu feiern, fand immer mehr Anhänger, so dass Benedikt XV. im Jahr 1915 gestattete, es weltweit zu tun.
Der Allerseelentag ist bei der älteren katholischen Bevölkerung noch tief im Bewusstsein verankert. Der nachlassende Glaube an die Auferstehung, die

hohen Beisetzungskosten und oft nicht zu klärende oder zu bezahlende Grabpflegekosten führen zu neuen Bestattungsformen, die dem Toten keinen eigenen, lokalisierbaren Ort mehr zugestehen. Allerseelen ist zutiefst mit der Vorstellung verbunden, dass man für die verwandten Toten und alle anderen beten und ihr Andenken pflegen muss. Am Vortag sind die Gräber spätestens gepflegt und geschmückt worden. Ein *ewiges Licht* wurde angezündet. Am Gedenktag selber trifft sich die ganze Familie am Grab, ehrt so die Verstorbenen und betet für sie. In vielen Kirchengemeinden führt eine Prozession auf den Friedhof, die da, wo Allerseelen kein staatlicher Feiertag ist, auf Allerheiligen durchgeführt wird.

Nach altem Volksglauben durften die Armen Seelen, die sich noch in der Läuterungsphase und noch nicht im Paradies befanden, an diesem Tag ausruhen und auf die Erde, an ihr Grab zurückkehren. Im spanischen Kulturbereich isst, trinkt, singt und tanzt man mit den Toten an diesem *Dìa de los Muertos* auf dem Friedhof. Mit Allerseelen ist der Allerseelen-Ablass verbunden, der zwischen dem 1. und 8. November gewonnen werden kann.

Vom Kreis der Lebenden, Toten und noch nicht Geborenen

Der älteste Name für die neue jüdische „Sekte“, die einem gekreuzigten Jesus von Nazaret anhing, den sie für den Messias hielt, wurde von den Juden als „Gemeinschaft des neuen Weges“ (Apg 24) bezeichnet. Der älteste Name für die Christen stellt das Unterwegssein auf ein letztes Ziel hin in den Mittelpunkt. Christen gleichen einem Strom von Menschen, die Vorgänger und Nachfolger haben. Das Heute hatte ein Gestern und es wird ein Morgen haben.

Unsere Vorfahren wussten dies und ver-gegenwärtigten sich das durch viele symbolische Handlungen und Zeichen in ihrer Jetzt-Zeit. Sie begruben ihre Toten um die Kirche herum; die Toten umgaben die Lebenden wie ein Schutzwall. Die Toten bildeten einen Kreis – das alte Symbol für Schutz – um die Lebenden, die zum Teil als angehende Mütter auch das künftige Leben schon in sich trugen. Das Ewige Licht beim Tabernakel oder auf dem Friedhof mahnte, an die Endlichkeit des Menschseins zu denken und das menschliche Leben *sub specie aeternitatis*, also aus dem Blickwinkel der Ewigkeit, zu betrachten. Auch der Türklopfer in der Form einer Schlange, die sich in den Schwanz biss, erinnerte im Profanen an die Ewigkeit und daran, dass wir alle einmal an die Himmelspforte klopfen, weil wir eingelassen werden wollen. *Allerseelen*, das Gedächtnis aller Verstorbenen, gedenkt nicht nur der bekannten Verstorbenen, sondern auch derer, die keiner mehr mit Gesicht oder Namen kennt. Auch sie sind ein Teil von uns, so wie wir ein Teil der ganzen Christenheit sind.

In der Benediktinerabtei Meschede im Sauerland steht das Chorgestühl der Mönche im Halbrund um den Altar, die fehlende Hälfte bilden die um die Apsis der Kirche begrabenen Mönche. Die zukünftigen Mönche werden durch die noch leeren Chorstühle der lebenden Mönche versinnbildlicht. Christen sind durch die Zeit unterwegs zur Ewigkeit.

Wer teilt, gewinnt! – Sankt Martin

In der „normalen“ Welt gilt Verzicht als dumm und töricht. Hier gilt die Regel: Nimm mit, was du kriegen kannst. Und: Hast du was, bist du was. Das Leben ist die letzte und einzige Gelegenheit! Askese hat nur unter gesundheitlichen Gesichtspunkten als Wellness-Beitrag Sinn.
Der Kontrast dieser Lifestyle-Mentalität steht im krassen Widerspruch zu christlichem Denken. Hier gilt nicht der als Größter, der am meisten in kürzester Zeit an Besitz und Status gierig zusammenrafft; groß ist der, der nicht nach Reichtum strebt, sondern nach Gerechtigkeit, Frömmigkeit, Glauben, Liebe, Standhaftigkeit und Sanftmut (1 Tim 6,11). Diesen Rat erteilt Paulus seinem Schüler Timotheus und fügt hinzu: Ermahne die, die in dieser Welt reich sind, nicht überheblich zu werden und ihre Hoffnung nicht auf den unsicheren Reichtum zu setzen, sondern auf Gott, der uns alles reichlich gibt, was wir brauchen. Sie sollen wohltätig sein, reich werden an guten Werken, freigebig sein und, was sie haben, mit anderen teilen. So sammeln sie sich einen Schatz als sichere

Grundlage für die Zukunft, um das wahre Leben zu erlangen (1 Tim 6,17ff.).
Auf unnachahmliche Art hat dies der noch nicht getaufte Römer Martinus als junger Offizier durch die Teilung seines Soldatenmantels mit einem Bettler gezeigt. Sein Traum, in dem ihm Christus erschien und Martins Tun als christliche Liebestat rühmte, stellt klar: Glaube darf nicht theoretisch bleiben, sondern muss gelebt werden. Gelebter Glaube aber ist die Verwirklichung der Liebe.
Die Rosen der Landgräfin Elisabeth, der halbe Mantel des Soldaten Martin oder der krumme Rücken und die abgearbeiteten Hände der Mutter Teresa – sie sind Symbole der Christen, die sich nicht an diese Welt verlieren. Es ist absurd, aber wer die Liebe mit anderen teilt, verliert nichts – er gewinnt dazu.

Über die 11 – eine Narrenzahl

Die 13 hat sich als „böse“ Zahl entwickelt, als die 12 Grundordnungszahl war, weshalb wir heute noch das Jahr in 12 Monaten rechnen und die Eier im Dutzend kaufen. Das Übertreten dieser Ordnung versinnbildlichte sich in der 13, was positiv gesehen werden konnte: 12 Mönche und 1 Abt dürfen ein Kloster gründen; wer 12 Brötchen kaufte, bekam ein 13. geschenkt. Zunehmend wurde die Übertretung der 12 auch negativ gedeutet, weshalb die 13 eine Unglücksbedeutung bekam. Abergläubische scheuen die 13 wie der Teufel das Weihwasser.
Paralleles hat sich bei der 10 als Grundordnungszahl entwickelt. Wer die 10 übertrat, also auf die 11 kam, der hatte die von Gott gegebene Ordnung übertreten. Da sich die Zehnersystematik im Mittelalter entfaltete, wurde sie auch mit der zeittypischen Denkweise verknüpft: Wer die göttliche Ordnung übertritt, muss ein Narr sein. Die 11 wurde so zur närrischen Zahl, war Kennzeichen des Narren, der Sünde und des Todes.
Ein literarischer Beleg für die allgemeine Geltung

dieser Auslegung liefert Friedrich von Schiller in *Die Piccolomini* (II, 1): „Elf! Eine böse Zahl. Elf ist die Sünde. Elf bedeutet die Überschreitung der Zehn Gebote!“ Die Elf wird auch gesehen als Zeichen für den Anbruch der letzten Stunde, vergleichbar dem Bildwort: „Es ist fünf vor Zwölf“. Abwegig dagegen ist die Deutung, die 11 beruhe auf der Abkürzung ELF und verdeutliche so die Prinzipien der Französischen Revolution: Égalité – Liberté – Fraternité.

Die Entdeckung des „Narrentermins“ 11.11. und seine Interpretation als Eröffnung der Narrenzeit ist ungleich jünger und liegt zwischen dem Ersten und dem Zweiten Weltkrieg. Der Elferrat als Narrenrat stammt aus der ersten Hälfte des 19. Jahrhunderts und persifliert das Tribunal der französischen Jakobiner. Eine Schnapszahl ist die 11 dagegen deshalb, weil sie aus nur einer Ziffer mehrfach wiederholt besteht.

Der 11.11. – ein Schwellenfest

Lange, sehr lange hat man darüber nachgedacht, warum der Gedenktag des hl. Martin auf den 11.11. gelegt worden ist, denn Martin starb am 8.11.397. Der Todestag eines Heiligen ist gewöhnlich sein „Geburtstag" als Heiliger, weil man – so lange man lebt – zwar heilig sein kann, aber niemals ein Heiliger.
Seit einigen Jahren sind sich die Wissenschaftler in der Mehrzahl einig: der 11.11. als Gedenktag des hl. Martin muss ein kluger Schachzug unserer Vorfahren gewesen sein, denn der 11.11. war bereits zu Martins Lebzeiten ein Feiertag – wenn auch kein kirchlicher. Man feierte das Ende des bäuerlichen Wirtschaftsjahres, sozusagen das zweite Erntedankfest. Die Feldernte war verarbeitet, die Feldarbeit zu Ende. Als Kennzeichen dafür hing ein Karrenrad vom Anhänger am Scheunentor. Und weil dieser Termin auch mit Personalwechsel bzw. Urlaub verbunden war, feierten Bauern, Mägde und Knechte auf dem Hof. Wo man es hatte, gab es etwas ganz Besonderes dazu: Den ersten Wein des Jahres. Der hieß *Martinsminne*, woraus heute der

schnöde *Primeur* wurde. Das zweite Erntedankfest wurde zu einem Schwellenfest, weil nach Martin das Adventfasten begann: Kein Fett oder Fleisch, keine Milchprodukte oder Eier und natürlich auch kein Alkohol! Da unsere Vorfahren nichts Brauchbares wegwerfen konnten, musste alles Ess- und Trinkbare verbraucht werden. Ein Fest war eine todsichere Methode, auch größere Mengen von Vorräten genussvoll zu genießen. Spaß und Freude dieser Art gehen uns heutzutage ab, die wir alles immer und überall und sofort haben können.

Weil Christen nie nur an sich selber denken sollten, waren Feste auch immer Anlass für Arme und die Kinder der Nachbarschaft, Anteil am Feste zu erheischen. Mit dem *Heischebrauch* forderten sie ihren Anteil. Für Martin und Nikolaus hatte sich ein Gebildebrot eingebürgert, das sich bis heute erhalten hat: der *Weckmann* oder *Stutenkerl*. Dreht man einmal dessen Pfeife um, eine Erfindung des 19. Jahrhunderts, erkennt man noch die Anmutung eines Bischofsstabes.

Von einer mittelalterlichen Alternative – Die heilige Elisabeth

Der Name der heiligen Elisabeth, derer wir am 19. November gedenken, bedeutet im Hebräischen *Gott hat geschworen* oder *Gott ist vollkommen.* 1207 als Tochter des Königs Andreas II. von Ungarn und seiner Frau Gertrud von Andechs geboren, wurde sie im Alter von einem Jahr mit dem späteren Landgrafen Ludwig IV. von Thüringen verlobt und 1211 nach Thüringen gebracht.

1221 heiratete Elisabeth Ludwig und schenkte ihm drei Kinder. Als Ludwig beim Kreuzzug Friedrichs II. am 11. Juli 1127 in Italien ums Leben kam, wurde sie von ihrem Schwager mittellos von der Burg vertrieben oder ging wegen ihres Schwagers freiwillig und geriet in große Not. Mit einer Abfindung, die sie schließlich auf Betreiben Papst Gregors IX. erhielt, gründete sie in Marburg ein Spital und pflegte Kranke und Arme.

1228 legte sie das Gelübde der Armut und Weltentsagung ab und entschloss sich zur radikalen Nachfolge Christi. Werke der Nächstenliebe und Buße prägten ihr Leben bis zum Tod am 17. November 1231. Am 19. November wurde sie in der Kapelle des von ihr gegründeten Franziskushospitals beigesetzt und schon am 27. Mai 1235 heilig gesprochen. Zeitgleich begann der Bau der Elisabeth-Kirche, in die sie später umgebettet wurde. Landgraf Philipp von Hessen entnahm 1539 die Reliquien, um die Verehrung Elisabeths zu beenden. Seit diesem Zeitpunkt gilt ein großer Teil der Reliquien als verschollen.

Elisabeth, vor 800 Jahren geboren, wurde nur 24 Jahre alt. Sie widerstand dem Reichtum, in den sie hineingeboren wurde, und sah über das Elend und die Armut der anderen nicht hinweg. In eigener Person hat sie Hand angelegt und damit allen zeitgenössischen Vorstellungen vom richtigen Verhalten einer hochadligen Frau widersprochen. Wie ein Fanal leuchtet ihr Beispiel durch die Jahrhunderte bis in unsere Zeit. Auf dem Fundament des Glaubens stehend, kann man sein Herz von anderen anrühren lassen und muss handeln.

„Wir müssen die Menschen froh machen“, soll sie gesagt haben. Welch schlichte Worte für ein hehres Ziel!

Christkönigsfest – Das Ende des Kirchenjahres

Den *Christkönigssonntag* feiern Katholiken am Ende des Kirchenjahres. Es ist ein Ideenfest, das Pius XI. im Jahr 1925 zum Andenken an das 1600-jährige Jubiläum des Konzils von Nizäa (325) eingeführt hat. In einer Zeit des Verfalls, der Un- und Neuordnung sollte der Blick der Menschen auf Christus gerichtet werden, der am Jüngsten Tag als König wiederkommen wird. Zu ihm hin sind alle Christen unterwegs. In seiner Enzyklika *Quas primas* vom 11. Dezember 1925 hatte Pius XI. gemeint: „Der letzte Sonntag im Monat Oktober scheint Uns schließlich mehr als jeder andere für diese Feier geeignet zu sein, weil mit ihm der Kreislauf des liturgischen Jahres sozusagen abgeschlossen ist. So erfahren die im Verlaufe des Jahres gefeierten Geheimnisse des Lebens Jesu Christi durch das Christkönigsfest gleichsam ihre Vollendung und ihre Krönung; und ehe wir die Glorie aller Heiligen feiern, verherrlichen Wir den, der in allen Heiligen und Auserwählten triumphiert." Nach dem Zweiten Vatikanischen Konzil, genau 1969, wurde

das Fest, das ursprünglich am letzten Oktobersonntag gefeiert wurde, auf den letzten Sonntag im Festjahr, den Sonntag vor dem 1. Advent verlegt.
Die Königsherrschaft Christi hatte für die katholische Jugend in der Weimarer Zeit und während der nationalsozialistischen Herrschaft eine große Rolle gespielt. Das Bekenntnis zur wahren Königsherrschaft Christi dokumentierte den Gegensatz zu selbsternannten Führergestalten und innerweltlichen Machtansprüchen. Durch Teilnahme an den Gottesdiensten und Prozessionen konnten sich junge Katholiken demonstrativ abgrenzen. Der Zeit entsprechend wurde dieses Fest vollzählig in „Kluft" und mit Fahnenabordnungen gefeiert.
Hatte die katholische Jugend ursprünglich ihren „Bekenntnissonntag" am Dreifaltigkeitssonntag gefeiert, blockierten die Nationalsozialisten diesen Tag dadurch, dass sie auf ihn das Reichsportfest legten. Die katholischen Jugendverbände reagierten dadurch, dass sie ihr Fest auf den Christkönigssonntag (damals noch im Oktober) verlegten. Die evangelischen Kirchen begehen parallel zum jetzigen Christkönigssonntag den „Ewigkeitssonntag".